Ludwig Lange

Über die Transitio ad Plebem

Ludwig Lange

Über die Transitio ad Plebem

ISBN/EAN: 9783744621700

Hergestellt in Europa, USA, Kanada, Australien, Japan

Cover: Foto ©ninafisch / pixelio.de

Weitere Bücher finden Sie auf **www.hansebooks.com**

ÜBER DIE

TRANSITIO AD PLEBEM.

EIN BEITRAG

ZUM RÖMISCHEN GENTILRECHT UND ZU DEN SCHEINGESCHÄFTEN
DES RÖMISCHEN RECHTS

VON

LUDWIG LANGE,

DR. JUR. ET PHIL.
PROFESSOR DER PHILOLOGIE IN GIESSEN.

1. Vortrag gehalten am 2. October 1863 auf der Meissner Philologen-Versammlung.
2. Epikritische Abhandlung mit Bezug auf Th. Mommsens Antikritik im Nachtrage der Römischen Forschungen.

LEIPZIG.

DRUCK UND VERLAG VON B. G. TEUBNER.

1864.

Vorwort.

Im Interesse der Sache hätte es mir nur erfreulich sein können, dass Th. Mommsen in dem Nachtrage zu dem im Februar d. J. erschienenen zweiten unveränderten Abdrucke des ersten Bandes seiner römischen Forschungen S. 399 — 411 die von mir in einem auf der Meissner Philologenversammlung gehaltenen Vortrage der seinigen entgegengestellte Ansicht über die Form der *transitio ad plebem* einer näheren Prüfung unterworfen hat. Auch würde ich den die Gränzen einer rein sachlichen Polemik überschreitenden Ton seiner Entgegnung persönlich leicht verschmerzt haben, wenn ich für die verletzenden Ausdrücke durch sachliche Belehrung entschädigt worden wäre; zumal da ich mir bewusst bin, in meinem Vortrage Alles vermieden zu haben, was einen solchen Ton hätte provociren können. Nun aber ist es zu bedauern, dass Mommsen sich bei seiner Antikritik an den Bericht hat halten müssen, welchen mein Freund Max von Karajan in der Zeitschrift für die österreichischen Gymnasien 1863, S. 661 ff. nach seinen eigenen stenographischen Aufzeichnungen über meinen Vortrag geliefert hat. Nicht als ob ich diesen Bericht für ungenau erklären wollte — im Gegentheil, ich erkenne denselben, der mir vor dem Abdrucke zur Revision vorgelegen hat, ausdrücklich an als dem wirklich gehaltenen Vortrage mit möglichster Treue entsprechend. Ich bedauere jenen Umstand vielmehr desshalb, weil ich bei der mir für den Vortrag zu Gebote stehenden Zeit von nur dreissig Minuten mich auf das Wesentlichste hatte beschränken und namentlich alle Erörterungen über minder wesentliche Nebenfragen und über allenfalls mögliche Einwendungen hatte unterlassen müssen. Denn vermuthlich würde die Sache mehr gefördert, die verletzenden Ausdrücke aber mehr gemildert worden sein, wenn Mommsen auf die Veröffentlichung meines Vortrags in den Verhandlungen der Philologenversammlung gewartet hätte. Für mich persönlich bringt dieser Umstand übrigens den Vortheil mit sich, dass schon der Abdruck derjenigen Ausarbeitung meines Vortrags, welche ich für diese Verhandlungen bestimmt und bereits im November v. J. der Redactionscommission eingesendet hatte, grossentheils genügt, um die Schwäche der Argumente erkennen zu lassen, mit denen Mommsen seine Ansicht der meinigen gegenüber vertheidigt.

Es bedarf daher keiner Rechtfertigung, dass ich diese Ausarbeitung schon jetzt, noch vor dem Erscheinen der Verhandlungen der Meissner Philologenversammlung veröffentliche, zumal da sowohl die Redactionscommission als auch die Verlagshandlung auf meinen desfallsigen Wunsch mit dankenswerther Bereitwilligkeit eingegangen ist. Ich habe es bei dieser Veröffentlichung unter diesen Umständen für geboten gehalten, Nichts von dem zu ändern, worauf sich die Einwendungen Mommsens beziehen. Die Differenzen im Wortlaute des Textes dieser Ausarbeitung von dem Wortlaute des stenographischen Berichts beruhen darauf, dass ich bei der Ausarbeitung des Vortrags im November nicht den Wortlaut des damals noch nicht erschienenen stenographischen Berichts, sondern nur den Wortlaut meines ursprünglichen Manuscripts zu Grunde legen konnte, von dem ich bei dem grösstentheils frei gehaltenen und dabei im Kurze gezogenen Vortrage vielfach mich hatte entfernen müssen. Diejenigen Puncte übrigens, von denen ich mich erinnerte, sie im mündlichen Vortrage ausgelassen zu haben, verwies ich in die Anmerkungen. Dazu fügte ich eine Reihe anderer Anmerkungen, und zwar in der Absicht, den Lesern das für die Beurtheilung der Controverse nöthige Material in möglichster Vollständigkeit vorzulegen.

Ebenso wird es bei dem hohen Ansehen, dessen Mommsens Stimme sich unter Philologen und Juristen erfreut, keiner Rechtfertigung bedürfen, wenn ich nach dem Erscheinen von Mommseus Nachtrage mich nicht begnügen wollte mit dem blossen Abdrucke jener Ausarbeitung, sondern dem Publicum gegenüber mich persönlich verpflichtet fühlte, ausserdem und in besonderer Erörterung zu zeigen, welche Bewandtniss es mit der Anschuldigung hat, dass meine Ansicht von der Nothwendigkeit der *arrogatio fiduciae causa* für die *transitio ad plebem* eines patricischen *homo sui juris* „ebenso mit der geschichtlichen Ueberlieferung in Widerspruch steht, wie mit der Logik des römischen Rechts." Ich hielt mich nicht minder auch aus einem rein sachlichen Grunde für verpflichtet dazu. Denn ich glaube aus den Einleitungsworten des Nachtrags von Mommsen zu ersehen, dass er seine demnächst zu veröffentlichenden Untersuchungen über das Wesen des römischen Geschlechts auch auf seine Hypothese über die *transitio ad plebem* stützen will. Es handelt sich hier also nicht bloss um einen Streit über eine untergeordnete Frage des Gentilrechts, sondern um das Gentilrecht selbst, nicht um ein persönliches Rechthaben, sondern um ein wissenschaftliches *principiis obsta*. So ist denn zu meinem Vortrage eine epikritische Abhandlung entstanden. Dieselbe zerfällt in zwei Abschnitte. In dem ersten weise ich nach, dass nicht meine Ansicht, sondern Mommsens Annahme einer unmittelbaren *transitio ad plebem* durch einfache *detestatio sacrorum comitiis calatis* mit der historischen Ueberlieferung in Widerspruch steht. In dem zweiten hoffe ich unter Zurückweisung der Einwendungen Mommsens durch eine ausführlichere Erörterung des juristischen Charakters der Scheinadoptionen zu zeigen, dass meine Ansicht sehr wohl mit der Logik des römischen Rechts besteht.

Meine Zeit erlaubt es nicht, überall da, wo ich in meinen römischen Alterthümern eine Hypothese Mommsens wissentlich ignorire oder ausdrücklich zurückweise, in gleich eingehender Weise, wie in diesem Falle, meine Berechtigung dazu zu begründen. Je mehr ich aber stets die wahren Bereicherungen, welche die Wissenschaft meinem Gegner verdankt, anerkannt habe und anerkenne, um so mehr glaube ich auch, ein Recht wenigstens darauf zu haben, dass man mir die Gewissenhaftigkeit zutraut, die nur scheinbar die Wissenschaft bereichernden Hypothesen Mommsens erst nach reiflicher Prüfung zu ignoriren und zurückzuweisen. Gegenwärtige Polemik wird das Gute haben, nicht bloss als ein Beweis dieser meiner Gewissenhaftigkeit, sondern auch als ein Beweis dafür zu dienen, dass die Ungenirtheit der Ausdrücke, mit denen Mommsen die doch auch im ernsten Streben nach Wahrheit gewonnenen Ansichten Anderer verurtheilt, ebensowenig eine Gewähr für die Richtigkeit seiner Urtheile bietet, wie die Zuversicht, mit welcher er seine eigenen Vermuthungen ausspricht, deren Haltbarkeit verbürgt.

GIESSEN, 26. März 1864.

L. Lange.

Ueber die transitio ad plebem.

Es ist bekannt, dass in Rom Patricier sich ihres Charakters als Patricier begeben und zur Plebs übertreten, Plebejer werden konnten. Das Motiv zu einer solchen *transitio ad plebem* war meist der Wunsch, das den Patriciern verschlossene, politisch immer einflussreicher gewordene Volkstribunat bekleiden zu können. Im Allgemeinen wird sowohl die Thatsache selbst, als auch dieses Motiv durch Dio Cass. fragm. 22 und Zon. 7, 15 bezeugt.[1] Was einzelne Beispiele betrifft, so wissen wir, dass P. Clodius Pulcher im J. 59 vor Chr. Geb. und P. Cornelius Dolabella im J. 47 aus dem genannten Motive zur Plebs übergetreten sind.[2] Uebrigens konnte, abgesehen vom Volkstribunate, der Schritt auch dadurch motivirt sein, dass den Plebejern die zwei Stellen des Consulats (und der Censur), den Patriciern nur die eine offen stand.[3] So ging z. B. der Bruder des P. Clodius, C. Claudius, als er sich für das Jahr 53 um das Consulat bewarb, mit dem Plane um, zur Plebs überzutreten, weil dadurch die Chancen einer erfolgreichen Bewerbung für ihn günstiger zu werden schienen.[4]

---

1) Die Stelle des Dio Cass. lautet mit den Ergänzungen Bekkers: ὥστε καὶ τῶν εὐπατριδῶν τινάς, ἐπειδὴ μηδὲν ἄλλως ἥττον, ἐς τὰ τοῦ πλήθους νομίσματα μετατεθῆναι, τὴν γὰρ ταπεινότητα αὐτοῦ πολὺ (κρείττω) πρὸς τὰς τῆς δημαρχικῆς ἰσχύος ἐπιθυμίας τῆς τῶν ὁρειῶν καὶ λαμπρασίαν ἀσθενείας ἐνόμιζον εἶναι, καὶ μάλισθ' ὅτι καὶ δεύτερον καὶ τρίτον ἐπὶ πλεῖόν τε ἔτι, καὶ πᾶς καλεσθῆν τό τινα (πλεονάκις) τὴν ἀρχὴν λαμβάνειν, συχνοὶ καὶ ἐφετῆς ἐδημάρχουν. Die des Zonaras: καὶ τέλος καὶ τῶν βουλευτῶν τινὲς ἠξίωσαν δημαρχεῖν, εἰ μή τις εὐπατρίδης ἐτύγχανεν· οὐ γὰρ ἐδέχετο τοὺς εὐπατρίδας ὁ ὅμιλος, κατὰ γὰρ τῶν εὐπατριδῶν ἐδόμενοι τοὺς δημάρχους, καὶ πρὸς τοιαύτην προσαγαγόντες ἰσχύν. ἰδιδόκιμαν μὴ τις αὐτῶν τῇ ἰσχύϊ ἐς τοὐναντίον κατ' αὐτῶν χρήσηται. εἰ δέ τις τὸ τοῦ γένους ἀξίωμα ἐξεμάσατο καὶ πρὸς τὴν τοῦ πλήθους μετέστη νόμισιν, ἀσμένως αὐτὸν προσεδέχοντο. καὶ συχνοὶ τῶν σφόδρα εὐπατριδῶν ἀπείκαντο τὴν εὐγίνειαν ἕρως τοῦ μέγα δυνηθῆναι καὶ ἐδημάρχησαν.

2) Wegen P. Clodius s. unten, wegen Dolabella Dio Cass. 42. 29: Δολώϊος εἴ τις Τρεβόλλιος καὶ Πούκλιος Κορνήλιος Δολοβίλλας δημαρχεῖν ἐσπούδασαν. οὗτος μὲν γὰρ τοῖς ὀφείλουσιν, ἐξ ὧν αὐτὸς ἦν, διὸ καὶ ἐκ τῶν εὐπατριδῶν ἐς τὸ πλῆθος ἐπὶ τῇ δημαρχίᾳ μετέστη, συνηγωνίζετο.

3) Cic. de dom. 14, 87: Cur enim quisquam vellet tribunum pl. se fieri non licere, *angustiorem sibi esse petitionem consulatus*. In sacerdotium cum possit venire, quia patricius non sit is locus, non venire?

4) Cic. pro Scaur. fr. § 33: Neque vero tam haec ipsa quotidiana res Appium Claudium illis humanitate et sapientia praeditum per se ipsa movisset, nisi hunc C. Claudii, fratris sui, competitorem fore putasset. 34. Qui *sive patricius sive plebeius esset* (nondum enim certum constituerat), cum hoc sibi contentionem fore putabat; Appius autem hoc maiorem etiam, quod illum in postfliciato petitione, in saliato, in ceteris meminerat fuisse patricium. Quum ob rem se consule neque fratrem volebat, neque, si patricius esset, pacem Scauro fore videbat, nisi hunc aliquo aut metu aut infamia perculisset. Deau bemerkt Ascon. p. 26 Or.: Fuerunt enim duae familiae Claudiae: earum, quae Marcellorum appellata est, plebeiae; quae Pulchrorum, patricia. Sed hoc loco urbane Cicero lusit in Claudium, cum quo in gratiam non redierat. Nam quia is P. Clodii erat frater, qui ex patricia in plebeiam familiam transierat per summam infamiam, † se (i. eum) quoque dubitare adhuc dixit.

1

Weniger bekannt ist die Form, in welcher die *transitio ad plebem* bewerkstelligt wurde. Es ist der Zweck meines Vortrags, diese Form so weit als möglich ins Klare zu setzen.

Von dem Begriffe der mit technischem Ausdrucke sogenannten *transitio ad plebem* müssen wir zuvörderst den Fall aussondern, dass ein patricischer *filius familias* einem plebejischen *pater familias* zur Adoption überlassen wurde, um die plebejische Familie seines Adoptivvaters fortzusetzen. Es findet nämlich bei einer solchen Adoption allerdings auch ein Uebertritt zur Plebs statt, wie z. B. der Sohn des T. Manlius Torquatus (Consul 165) natürlich Plebejer war, nachdem ihn D. Junius Silanus adoptirt hatte.[1] Allein ein solcher Uebertritt wird doch nicht unter den technischen Begriff der *transitio ad plebem* subsumirt, weil derselbe ein zwar unvermeidliches, aber doch nur nebensächliches Resultat des Adoptionsverfahrens, nicht der eigentliche und hauptsächliche Zweck desselben war. Ebensowenig hat ja auch der umgekehrte Fall, die Adoption eines plebejischen *filius familias* durch einen patricischen *pater familias*,[2] Anlass gegeben zur Bildung des technischen Begriffs einer *transitio ad patres* oder *patricios.*

Für die im technischen Sinne des Worts sogenannte *transitio ad plebem* ist ein Merkmal wesentlich, womit es sich bei der Adoption anders verhält. Während nämlich bei der Adoption der Adoptirte den Namen seines Adoptivvaters erhält, behält bei der *transitio ad plebem* der zum Plebejer gewordene Patricier seinen patricischen Gentilnamen bei. Diess zeigen schon die Beispiele des P. Clodius Pulcher und des P. Cornelius Dolabella;[3] aber sicherer noch als aus diesen einzelnen Beispielen folgt die Beibehaltung des Namens als ein Merkmal

1) Cic. de fin. 1, 7, 24: Quid? Torquatus is, qui consul cum Cn. Octavio fuit, cum illam severitatem in eo filio adhibuit, quem in adoptionem D. Silano emancipaverat, ut eum, Macedonum legatis accusantibus, quod pecuniae praetorem in provincia cepisse arguerent, causam apud se dicere iuberet reque ex utraque parte audita pronuntiaret, eum non talem videri fuisse in imperio, qualis eius maiores fuissent, et in conspectum suum venire vetuit, suum quid illi videtur de voluptatibus suis cogitavisse? Liv. ep. 54: Cum Macedonum legati questum de D. Iunio Silano praetore venissent, quod accepta pecuniis provinciam spoliasset, et senatus de querellis eorum vellet cognoscere, T. Manlius Torquatus, pater Silani, petiit impetravitque, ut sibi cognitio mandaretur; cum domi causa cognita filium condemnasset abdicavitque. Vgl. Val. Max 5, 8, 3. T. Manlius Torquatus richtete hier nicht kraft der patria potestas, die er über seinen Sohn nicht mehr hatte, sondern er stellte als Vertretungsmann des Senats eine Voruntersuchung an.

2) Ein bekanntes Beispiel dieses Falles ist der Consul des J. 179 L. Manlius Acidinus *Fulvianus*, der, wie der Name zeigt, von einem Manlier adoptirte Sohn des Plebejers Q. Fulvius Flaccus.

3) Die plebejisch veränderte Aussprache — Clodius für Claudius — kommt natürlich nicht in Betracht. In Betreff des Dolabella hat Drumann, Geschichte Roms, Bd. 2, S. 566 vermuthet, er sei von einem Plebejer Cn. Cornelius Lentulus, bruder Cic. de imp. Cn. Pomp. 19, 58 erwähnt, adoptirt worden. Wäre diese Vermuthung begründet, so würde das Beispiel des Dolabella für die Beibehaltung des Namens bei der *transitio ad plebem* Nichts beweisen, da der Name des Adoptivvaters in diesem Falle zufällig derselbe wäre mit dem patricischen Gentilnamen des Dolabella. Allein jene Vermuthung ist nur gemacht worden, um den Umstand zu erklären, dass Dolabella bisweilen Lentulus heisst (Ascon. p. 5 Or. Macrob. sat. 2, 3), sein Sohn aber, Ciceros Enkel, von diesem selbst Lentulus genannt wird (ad Att. 12, 28, 3. 12, 30, 1). Für diesen Zweck aber ist es durchaus nicht nöthig, da der Beiname Lentulus neben Dolabella sich auch auf andere Weise erklärt; andererseits ist es an sich unwahrscheinlich, da, ihre Richtigkeit vorausgesetzt, Dolabella in officieller Sprache Cn. (nicht P.) Cornelius hätte heissen müssen, während er stets, und selbst in den Consularfasten, P. genannt wird. Wenn Mommsen ihn in dem später zu erwähnenden Aufs. S. 358 (Röm. Forsch. S. 124) Cn. nennt, so beruht diess auf einem Versehen. — Uebrigens setzt auch Suet. Aug. 2 voraus, dass die angeblich von Servius Tullius ins Patriciat aufgenommene Familie der Octavier bei ihrem späteren Uebertritte zur Plebs den Namen nicht geändert habe.

— 3 —

der *transitio ad plebem* daraus, dass in den *laudationes funebres* und in den *tituli imaginum* gefälschte *transitiones ad plebem* sich fanden, gefälscht in der Absicht, um den Ursprung einer plebejischen Familie auf eine gleichnamige patricische zurückzuführen. Bekannt ist die Stelle aus Ciceros Brutus, in welcher derselbe über Fälschungen dieser Art klagt; [1]) und an der Erzählung, dass der praefectus annonae L. Minucius im J. 439 zur Plebs übergetreten und darauf von den Volkstribunen als elfter Tribun cooptirt worden sei, haben wir ein concretes Beispiel einer solchen Fälschung, das schon Livius als solchen erkannt hat. [2]; Es liegt zu Tage, dass derartige Fälschungen ganz undenkbar gewesen sein würden, wenn nicht die Beibehaltung des Namens bei der *transitio ad plebem* etwas Selbstverständliches gewesen wäre.

Die specielleren Nachrichten nun, die wir über die Form der *transitio ad plebem* haben, beziehen sich insgesammt auf den einen Fall des P. Clodius Pulcher. Zwar Vellejus, Suetonius im Leben des Caesar und Plutarch im Leben des Cato minor berühren den Vorgang nur mit allgemeinen Ausdrücken, aus denen sich nichts Bestimmtes über die Form entnehmen lässt. [3]; Cicero aber spricht, vor Allem in der Rede de domo (cap. 13. 14. sodann aber auch in andern Reden und in den Briefen vielfach, zum Theil sehr eingehend, von der *transitio ad plebem* seines Todfeindes. Auch Suetonius im Leben des Tiberius 'cap. 2: und Ascouius (p. 25 Or.) haben einige mit Ciceros Darstellung übereinstimmende Einzelheiten. Endlich macht Dio Cassius einige sehr bemerkenswerthe Angaben über die *transitio* des Clodius, die, wie wir sehen werden, nicht ganz mit Cicero in Uebereinstimmung sind. [4])

Ehe ich auf die Betrachtung der Form eingehe, hebe ich noch hervor, dass P. Clodius, als er zur Plebs übertrat, ein *homo sui iuris* war. Was wir also über die Form seines Uebertritts ermitteln können, gilt zunächst nur für die *transitio* eines *homo sui iuris*. Ob und wie die *transitio ad plebem* (mit Beibehaltung des Namens) auch bei *filii familias* vor-

1) Cic. Brut. 16, 62: Quamquam his laudationibus historia rerum nostrarum est facta mendosior. Multa enim scripta sunt in eis, quae facta non sunt, falsi triumphi, plures consulatus, genera etiam falsa et ad plebem transitiones, cum homines humiliores in alienum eiusdem nominis infunderentur genus: ut, si ego me a M'. Tullio esse dicerem, qui patricius cum Servio Sulpicio consul anno decimo post exactos reges fuit.

2) Liv. 4, 16: Unus Minucium apud quosdam auctores translatae a patribus ad plebem audeciman- que tribunum plebis (vgl. Plin. n. h. 18. 3, 15) cooptatum seditionem motam ex Maeliana caede sedasse invenio. Ceterum vix credibile est numerum tribunorum patres augeri passos, idque pessimum exem- plum a patricio homine introductum, nec deinde id plebem concessum semel obtinuisse aut certe temptasse. sed ante omnia refellit falsum imaginis titulum paucis ante annis lege cautum, ne tribunis collegam cooptare liceret. — Ein anderes Beispiel von Fälschung ist die Erzählung, dass im J. 448 Sp. Tarpejus und A. Ater- nius (Consuls 454) in ein unvollständig gemähltes Collegium von Tribunen cooptirt worden seien. Die Erfinder derselben wollten vermuthlich die Abstammung späterer plebejischer Aternier und Tarpejer von jenen Patriciern glaublich machen durch eine angebliche geschichtliche Thatsache, aus der, wenn sie wahr war, hervorging, dass jene Patricier müssten zur Plebs übergetreten sein. Liv. 3, 65: Novi tribuni plebis in cooptandis collegis pa- trum voluntatem foverunt, duos etiam patricios consularesque Sp. Tarpeium et A. Aternium cooptavere.

3) Vell. 2, 45: Per idem tempus P. Clodius, homo nobilis ......, cum gravis inimicitias cum M. Cicerone exerceret (quid enim inter tam dissimiles amicos esse poterat?) et a patribus ad plebem transisset, legem in tribunatu tulit. Suet. Caes. 20: Ciccrone in indicio quodam deplorante temporum statum, Publium Clodium inimicum eius, frustra iam pridem a patribus ad plebem transire nitentem, eodem die horaque nona transduxit. Plut. Cat. min. 33: Πόπλιον δὲ Κλώδιον ἐκ πατρικίων εἰς δημαρχικοὺς παραγόντες μετεστή- σαντες ἀπέδειξαν δήμαρχον ἐπὶ μισθῷ τῇ Κικέρωνος ἐξελάσει πάντα πρὸς χάριν ἐκείνοις πολιτευό- μενον.

4) Der Wortlaut der betreffenden Stellen wird unten an passender Stelle angeführt werden.

1*

kommen konnte, lässt sich erst dann beurtheilen, wenn genau festgestellt ist, in welcher Weise *homines sui iuris* ihren Uebertritt bewerkstelligten.

Aus den Nachrichten über Clodius nun wurde bisher entnommen, dass zur *transitio ad plebem* eines *homo sui iuris* erforderlich sei: 1) die Arrogation (d. h. die auf *homines sui iuris* anwendbare alterthümliche sacrale Art der Adoption) durch einen Plebejer, ein Act zu dessen Vornahme eine *lex curiata* nöthig war:[1] 2) die Emancipation, d. h. die Entlassung des eben Arrogirten aus der väterlichen Gewalt seines plebejischen Adoptivvaters.[2] So hat namentlich Becker im Handbuche der römischen Alterthümer die Sache dargestellt,[3] und ich bin ihm darin gefolgt.[4] Dass erstens P. Clodius wirklich im J. 59 von einem Plebejer arrogirt wurde, der P. Fontejus hiess,[5] und dass diese Arrogation vermittelst einer von dem Consul C. Julius Caesar rogirten *lex curiata* zu Stande kam,[6] ist eine unzweifelhaft feststehende historische Thatsache, die von Cicero an vielen Stellen erwähnt und nicht bloss von Suetonius und Asconius,[7] sondern auch von Dio Cassius[8] bestätigt wird. Dass zweitens P. Clodius sofort nach geschehener Adoption von P. Fonteius wiederum emancipirt wurde, sagt zwar nur

---

1) Gell. 5, 19, Gaj. 1, 98 f. Lange, Alt. Bd. 1, S. 105 (2. Aufl. S. 117).

2) Gaj. 1, 132, Lange, Alt. Bd. 1, S. 107 (2. Aufl. S. 121).

3) Becker Bd. 2, 1, S. 156: „Der Austritt aus dem Patricierverbande konnte jedoch nicht willkürlich und ohne weitere Förmlichkeit geschehen. Es kann dazu keinen andern Weg gegeben haben, als Arrogation, indem der Patricier sich in die Potestas eines Plebejers als seines Paterfamilias begab, und dann von diesem emancipirt wurde. Dazu aber bedurfte es eines Beschlusses der Curien, lex curiata, nachdem die Pontifices die Gründe des Austritts geprüft und die Sacra gewahrt hatten." Vgl. S. 393.

4) Lange Bd. 1, S. 105 und 297. In der zweiten Aufl. S. 122 ff. finden sich bereits die Resultate der diesem Vortrage zu Grunde liegenden Untersuchung.

5) Cic. de dom. 29, 77: Credo enim, quamquam in illa adoptatione legitime factum est nihil, tamen te esse interrogatum, auctorue esses, ut in te P. Fonteius vitae necisque potestatem haberet ut in filio. 13, 35: Tu neque Fonteius es, qui esse debebas, neque patris heres, neque amissis sacris paternis in hanc adoptiva veniati, de har. resp. 27, 57: late parentum nomen, sacra, memoriam, gentem Fonteiam nomine obruit. Auf die Adoption des Clodius durch einen Plebejer spielt Cicero ironisch an auch ad Att. 7, 7, 0: Placet igitur etiam me expulsum et agrum Campanum perisse et adoptatum patricium a plebeio, Gaditanum a Mitylenaeo.

6) Cic. pro Sest. 7, 16: Hanc tactram immanemque beluam, vinctam auspiciis, alligatam more maiorum, constrictam legum sacratarum catenis, soleit subito lege curiata evasat. de har. resp. 23, 48: Tum legem tulhas contra auspicia latas et hic et in contionibus dicere, in quibus legibus lucrat curiata illa lex, quae totum eius tribunatum continebat, quam carerus amentia non videbat: producebat fortissimum virum, M. Bibulum: quaerebat ex eo, C. Carsare leges ferente de caelo semperne servasset? de prov. cons. 19, 45: Nam si illud iure rogatum dicere ausi sunt, quod nullo exemplo fieri potuit, nulla lege licuit, quis nemo de caelo servarat, oblitos erant, tum, cum illo, qui id egerat, plebeius est lege curiata factus, diei de caelo esse servatum? de dom. 15, 39: Quo die de te lex curiata lata esse dicatur, audes negare de caelo esse servatum? ad Att. 2, 7, 2: Videbatur mihi, siquid esset in eo populare, quod plebeius factus esset, id ambutorus. Quid enim ad plebem transiisti? ut Tigranem iros salutaram? Sorsa mihi: reges Armenii patricios salutare non solent? Quid queeris? Accersam me ad exagitandam hanc eius legationem. Quam si ille contemnit et si acribus, bilem id commovet et latoribus et auspiribus legis curiatae, spectaculum egregium. Mit den auspers legis curiatae iat l'ompejus gemeint, auf welchen auch geht ad Att. 2, 9, 1: hic noster Hierosolymarius traductor ad plebem. 8, 8, 2: ille in adoptando P. Clodio augur. Vgl. such Cic. de har. resp. 21, 44 f.

7) Suet. Tib. 2: P. Clodio qui ob expellendam Urbe Ciceronem plebeio homini atque etiam natu minori in adoptionem se dedit. Vgl. Suet. Caes. 20 S. 3, Anm. 3. Ascon. p. 25 Or.: P. Clodii erat frater, qui ex patricia in plebeiam familiam transierat.

8) Dio Cass. 38, 12. 39, 11. Den Wortlaut s. unten S. 8 Anm. 2 und 3.

Cicero an einer Stelle der Rede de domo; [1]) aber es ist kein Grund vorhanden, deshalb an
der Richtigkeit der Thatsache zu zweifeln, da die Nichterwähnung dieses Umstandes in den
anderen Stellen sich aus der Kürze der Erzählung oder der Anspielungen in denselben vollkommen erklärt.

Trotz dieser guten Zeugnisse ist die bisherige Ansicht von der Form der *transitio* neuer-
dings von Th. Mommsen erschüttert worden, und zwar durch ein Bedenken, welches auf
jeden Fall beseitigt werden muss, wenn man die ältere Ansicht festhalten will. In dem Auf-
satze über die römischen Patriciergeschlechter[2], nämlich hat Mommsen gegen die bisherige
Ansicht eingewendet,[3]) dass die *transitio ad plebem* deshalb nicht habe durch Arrogation bewerkstelligt werden können, weil hierbei der Arrogirte den Namen des Arrogirenden hätte
erhalten müssen, was allerdings, wie wir sahen, bei der *transitio ad plebem* nicht der Fall
ist. Es wird also darauf ankommen zu zeigen, dass und wie sich die Beibehaltung des Namens trotz der Arrogation erklärt. Ehe ich jedoch diess zeigen
kann, muss ich näher eingehen auf die neue Ansicht, welche Mommsen an die Stelle der
bisherigen setzt.

Zur Begründung seiner neuen Ansicht stützt sich Mommsen auf den Bericht des Dio
Cassius über die Schritte, welche Clodius schon im Jahre vorher, im J. 60 gethan hat, um
Tribun zu werden. Dio Cassius erzählt nämlich (37, 51), Clodius habe, um zum Tribunate
zu gelangen, einige Tribunen veranlasst, darauf anzutragen, dass auch den Patriciern das
Volkstribunat zugänglich sein solle; als er aber dieses nicht durchgesetzt habe, habe er sein
Patriciat abgeschworen und sei zu den Gerechtsamen der Plebs übergetreten, indem er in
ihre Versammlung gegangen sei: ὡς δὲ οὐκ ἔπεισε, τήν τε εὐγένειαν ἐξωμόσατο καὶ
πρὸς τὰ τοῦ πλήθους δικαιώματα, ἐς αὐτόν σφων τὸν σύλλογον ἐσελθών, μετέστη.[4]) „Hiernach, sagt Mommsen, ist Alles klar; die *transitio ad plebem* erfolgte

1) Cic. de dom. 14, 37: Quae maior calumnia est quam renire imberbum adolescentulum, bene valentem se maritum: dicere se filiom senatorem populi Romani sibi relle adoptare: id autem scire et ridere
omnes, noo, ut ille filios instituatur, sed ut, si e patriciis exeat, tribunus pl. fieri possit, ideirco adoptari?
neque id abscere: nam *adoptatum emancipari statim*, ne sit eius filios, qui adoptavit.

2) Rhein. Mus. N. F. Bd. 16, 1861, S. 321, bes. S. 357. Jetzt ist der Aufsatz wiederholt in Mommsens Römischen Forschungen. Bd. 1, Berlin 1864. S. 69; die betreffende Stelle über die transitio findet sich
S. 123.

3) Einen andern Einwand Mommsens, dass nämlich „für die Annahme an Kindes statt die Bezeichnung
transitio ad plebem als technische wenig angemessen ist" (Röm. Mus. S. 358. Röm. Forsch. S. 125), habe ich
im Vortrage absichtlich nicht berücksichtigt, weil er in der That gar Nichts bedeutet. Denn erstens behauptet
Niemand, dass der Ausdruck *transitio ad plebem* ein anderer Ausdruck für Adoption sei, sondern die aus
Arrogation und Emancipation zusammengesetzte Procedur wird *transitio ad plebem* genannt.
Zweitens aber ist *transire* noch bei der Adoption ein von dem Uebertritt aus einer Familie in die
andere wirklich übliche Ausdruck. Vgl. Ascon. p. 25: ex patricia in plebeiam familiam transierat. Gell. 5,
19, 8: Adrogatio autem dicta, quia genus hoc in alienam familiam transitus per populi rogationem fit. Serv.
ad Aen. 2, 156: Consuetudo apud antiquos fuit, ut, qui in familiam vel gentem transiret, etc.

4) Die ganze Stelle heisst: Κλώδιος δὲ ἐπιθυμήσει μὲν διὰ τοὺς δυνατοὺς ἐπὶ τῇ δίκῃ δημαρ-
χῆσαι, καί τινας τῶν δημαρχούντων προσεθῆκεν ἐσηγήσασθαι τὸ καὶ τοῖς εὐπατρίδαις τῆς ἀρχῆς
μεταδίδοσθαι, ὡς δ' οὐκ ἔπεισε, τήν τε εὐγένειαν ἐξωμόσατο καὶ πρὸς τὰ τοῦ πλήθους δικαιώματα,
ἐς αὐτόν σφων τὸν σύλλογον ἐσελθών, μετέστη. καὶ ἤτησε μὲν εὐθὺς τὴν δημαρχίαν, οὐκ ἀπεδεί-
χθη δὲ ἐναντιωθέντος οἱ τοῦ Μετέλλου· ἐν γένει τε γὰρ αὐτῷ ἦν, καὶ τοῖς πραττομένοις ὑπ' αὐτοῦ
οὐκ ἡρέσατο. πρόφασιν δὲ ἐποιήσατο ὅτι μὴ κατὰ τὰ πάτρια ἡ ἐκποίησις αὐτοῦ ἐγεγόνει· ἐν γὰρ τῇ
ἱερουργίᾳ τοῦ φρατριατικοῦ νόμου μόνως ἐξῆν τοῦτο γίγνεσθαι.

crorum,[1]) so muss die *detestatio sacrorum* auch bei einer solchen *arrogatio* stattgefunden haben, welche zum Behufe der *transitio* vorgenommen wurde. Wir haben also weder wegen des von Clodius unternommenen Versuchs, eine *detestatio sacrorum* in formloser Weise vorzunehmen, noch wegen des als nothwendig erkannten Stattfindens der feierlichen *detestatio sacrorum* bei der *transitio ad plebem* Grund, die herrschende Ansicht von der *detestatio sacrorum* aufzugeben, vorausgesetzt, dass sich die Nothwendigkeit zeigt, die Becker'sche Ansicht von der *transitio ad plebem*, in der Weise wie eben geschehen ergänzt,[2]) festzuhalten.

Im Gegensatze zu derselben behauptet nun aber Mommsen gerade dieses, dass zur *transitio ad plebem* nur die *detestatio sacrorum*, und nicht die *arrogatio* erforderlich gewesen sei. Er stützt sich hierfür nicht bloss auf die von Dio Cassius berichtete Thatsache, dass Clodius das Patriciat in einem σύλλογος τοῦ πλήθους abgeschworen habe, sondern auch auf die weitere Darstellung des Dio Cassius, der allerdings die Sache so darstellt, als ob Clodius schon durch jene im J. 60 vorgenommene Abschwörung rechtmässig Plebejer geworden sei, und als ob Caesar nur überflüssigerweise im Jahre darauf die *lex curiata* für Clodius beantragt habe. Dio Cassius erzählt nämlich, Clodius habe sofort nach der Abschwörung des Pa-

---

1) Ueber die *detestatio sacrorum* wissen wir allerdings weiter nichts, als dass sie wie die Testamente in comitiis calatis (d. h. in populi contione, ohne Abstimmung des Volkes) stattfand (Gell. 15, 27), und dass der Jurist Servius Sulpicius über sie (*de sacris detestandis*) mindestens zwei Bücher geschrieben hatte, In deren zweitem er das Wort *testamentum* als ein Compositum von *testari* und *mens* erklärte (Gell. 6, 12). Nun aber ist es bekannt, dass die *arrogatio* ein Act von sacralrechtlicher Bedeutung war, und dass dabei ein Eid geschworen werden musste. Gell. 5, 19: Sed adrogationes non temere nec inexplorate committuntur: nam comitiis, *arbitris pontificibus*, praebentur, quae curiata appellantur, aetasque eius, qui adrogare vult, an liberis potius idoneus sit, bonaque eius, qui adrogatur, ne insidiose adpetita sint, consideratur, iusque iurandum a Q. Mucio, pontifice maximo, conceptum dicitur, quod in adrogando iuraretur. Ferner ist bekannt, dass bei einer regelmässigen Arrogation der Arrogirte seine angestammten Sacra aufgeben musste. Cic. de dom. 13, 35: Tu neque Fonteius es, qui esse debebas, neque patris heres, neque amissis sacris paternis (admitto quae amittere debebas) in hanc adoptivus venisti. Es ist daher mindestens in hohem Grade wahrscheinlich, dass die *detestatio sacrorum* der der Arrogation vorhergehende Act war, wodurch der zu Arrogirende sich von seinen Sacra lossagte. Eine solche Lossagung von den Sacra kennt auch Cicero, der freilich den im weiteren Sinne gebräuchlichen Ausdruck *detestatio* durch einen allgemein verständlicheren *alienatio* ersetzt. Cic. or. 42, 144: An quibus verbis *sacrorum alienatio* fiat docere honestum est, ut est: quibus ipsa sacra retineri defendique possint non honestum est? Mit Recht bemerkt man auf die bei der *arrogatio* nothwendige Lossagung von den Sacra auch die Worte des Serv. ad Aen. 2, 156: Consuetudo apud antiquos fuit, ut *qui in familiam vel gentem transiret, prius se abdicaret ab ea, in qua fuerat*, et sic ab alia reciperetur. Wenigstens wird das Recht zu dieser Deutung der Stelle des Servius nicht dadurch beeinträchtigt, dass der Ausdruck *se abdicare* weiter ist, als der Ausdruck *detestari sacra*, indem er auch die Lossagung von dem angestammten Erbrechte umfasst; denn natürlich hört er darum nicht auf auch die *detestatio sacrorum* zu umfassen. — Marquardt, der die *detestatio sacrorum* gleichfalls auf die *arrogatio* bezieht (Handbuch Bd. 4, S. 239), irrt nur darin, dass er sie mit der *arrogatio* geradezu identificirt. Denn dass es verschiedene Acte waren, folgt eben daraus, dass die *detestatio* in *comitiis calatis*, die *arrogatio* in *comitiis curiatis* stattfand (Gell. 15, 27, 5, 19).

2) Becker hatte diese Beziehung der *detestatio sacrorum* zu vermittelst der *arrogatio* bewerkstelligten *transitio ad plebem* um so weniger wahrnehmen können, als er die *detestatio sacrorum* aus unzureichenden Gründen für einen Bestandtheil der *testamenti factio* ansah. S. Bd. 2, 1, S. 370. Sie kann das allerdings auch gewesen sein, aber anders als es Becker sich dachte, und nur in dem Falle, wenn dem testamentum *comitiis calatis* eine ältere Form, ein *testamentum comitiis curiatis*, voranging, und wenn etwa ein solches ältestes Testament den Sinn einer Arrogation von Todes wegen hatte. In diesem Falle nämlich könnte von dem einsetzenden Erben dieselbe *detestatio sacrorum* verlangt worden sein, die von dem zu Arrogirenden verlangt wurde.

triciats um das Tribunat sich beworben, sei aber nicht zum Tribunen gewählt worden, weil der Consul Q. Metellus Celer ihm entgegengetreten sei. Dieser habe als V o r w a n d (πρόφασις) den Umstand benutzt, dass der Austritt des Clodius aus dem Patriciat nicht *more maiorum* erfolgt sei; denn er könne dieses nur durch Einbringung einer *lex curiata* geschehen. [1] Und an der späteren Stelle, wo er von der durch Caesar beantragten *lex curiata* spricht, sagt er, Caesar habe den Clodius wiederum (αὐθις) zum Plebejer gemacht. [2] Aus den Ausdrücken πρόφασις und στάσις folgt nun allerdings, dass Dio Cassius den Clodius schon in Folge seiner im J. 60 vorgenommenen Abschwörung als r e c h t l i c h zur Plebs übergetreten betrachtet. [3] Aber zugleich folgt aus der Darstellung des Dio Cassius doch auch dieses, dass der Consul Metellus Celer es nicht that. Es steht hier also die Auctorität des bekanntlich mit Clodius verschwägerten Consuls und die Auctorität eines drei Jahrhunderte später lebenden Geschichtschreibers einander gegenüber. Trotzdem entscheidet sich Mommsen ohne Weiteres für Dio Cassius, indem er sagt: [4] „Aus welchen Gründen oder Vorwänden Metellus Ihre Zulässigkeit bestritt und für den Uebertritt aus dem Patriciat in die Plebs statt der einfachen Abdication Arrogation durch Curiatgesetz forderte, wissen wir nicht; das u n t e r l i e g t k e i n e m Z w e i - f e l, dass Patricier auf jene Art in der That zur Plebs übergetreten sind und dabei ihren bisherigen Geschlechtsnamen und ihre bisherigen Ahnen auch nach dem Uebertritt von Rechts- wegen behalten haben."

---

1) Die Worte s. S. 5, Anm. 4.

2) Dio Cass. 38, 12: Ἐξ οὖν τούτων τῶν λογισμῶν καὶ τότε αὐτὸς μὲν τὴν ἡσυχίαν ἦγε, τὸν δὲ δὴ Κλώδιον ἀντιγραφόμενός τι αὐτῷ, ὅτι τῆς πατρικίας αὐτοῦ οὐ κατηγόρησε, βουλόμενον αἰσθό- μενος παρεσκεύασε πρῶτα κατὰ τοῦ Κικέρωνος. καὶ πρῶτον μὲν ἐς τὰ τοῦ πλήθους δικαιώματα αὐθις αὐτόν, ὅπως νόμιμος ἱκανωθῇ, συμπράττοντος αὐτῷ καὶ τοῦ Πομπηίου μετέστησεν, ἔπειτα δὲ δήμαρχον εὐθὺς ἀποδειχθῆναι διεπράξατο.

3) Hiermit habe ich Mommsen vielleicht mehr concedirt, als ich nöthig gehabt hätte. Denn streng genommen muss man sagen, dass Dio Cassius sich über die Bedeutung des im J. 60 vorgenommenen Schrittes unklar war und sich daher widersprechend äussert. Wenn er 37, 51 durch πρόφασις andeutet, dass er den Einwand des Metellus für unbegründet halte, so stimmt er dagegen dem Metellus bei, wenn er sagt ἐν γὰρ τῇ ἐκφορᾷ τοῦ φρατριατικοῦ νόμου μόνως ἐξῆν τοῦτο γίγνεσθαι. Und ebenso hebt er die durch αὐθις an- gedeutete Ueberzeugung durch den Zusatz ὅπως νόμιμος ἱκανωθῇ wiederum auf. In der ersten Stelle könnte man freilich die Consequenz des Dio Cassius wahren, wenn man statt ἐξῆν schliebe ἐξεῖναι (so dass die letzten Worte aus dem Sinne des Metellus zu verstehen wären); allein bei der zweiten Stelle müsste man schon zu den gewagten Mittel greifen, die Worte ὅπως νόμιμος ἱκανωθῇ für ein Glossem zu erklären. Dass Dio Cass. wirklich unklar war, geht aus der Stelle hervor, wo er von dem Processe de domo spricht, 39, 11: Κικέρων μὲν οὖν αὖθις ἀνεβλάστανε, καὶ τήν τε ἄλλην οὐσίαν καὶ τὸ ἔδαφος τῆς οἰ- κίας, καίτοι τῇ ἐλευθερίᾳ ἀντιμένον, καὶ τοῦ Κλωδίου καὶ ἐπιθειάζοντος καὶ ἐς ἱερστίαν αὐτὸ προ- βάλλοντος ἐκομίσατο· τὴν γὰρ ἱεροψάν τοῦ φρατριατικοῦ νόμου, καρ' ἣν ὁ τῶν ἐναντίων ἐς τὸ πλῆθος ἐπεποίητο, διαβάλλων ὡς οὐκ ἐν τοῖς ἀψαμένοις ἐν τῶν καίριων χρόνοις ἐκτεθεῖσαν αὐτοῦ, τήν τε δημαρχίαν τοῦ Κλωδίου κᾆσαν, ἐν ᾗ καὶ τὰ κατὰ τὴν οἰκίαν ἐδέδοντο, κατέλυεν, λέγων οὐχ οἷόν τι εἶναι, τῆς μετωτέρας αὐτοῦ τῆς ἐς τὸν ὅμιλον παρανόμως γιγνημένης, ὑγιές τι τῶν ἐν αὐτῇ πραχθέντων νομίζεσθαι, καὶ ἐπειδὴ διὰ τούτου τοὺς κωτιφόμας τὸ ἔδαφος οἱ εἰς καὶ ὅσιον καὶ βέβαιον ὂν ἀποδοῦναι. Es ist mindestens in hohem Grade auffallend, dass Dio Cass., wenn er die Juristi- sche Ueberzeugung hatte, die Mommsen bei ihm findet, hier nicht mit einer Silbe andeutet, dass Ciceros Be- wirthführung schon deshalb trügerisch sei, weil Clodius ja rechtlich schon durch die Abschwörung des Pa- triciats im J. 60 Plebejer geworden sei, auf die lex curiata also gar nichts ankomme.

4) Rh. Mus. S. 259. Röm. Forsch. S. 127.

Der Auctorität des Dio Cassins steht aber nicht allein die des Metellus, [1]) sondern auch die des Caesar gegenüber. Zugegeben nämlich, dass Metellus die ihm missliebige Bewerbung des Clodius ums Tribunat hätte hindern können, wenn dieser rechtmässig Plebejer war, so hätte doch Caesar, der die Wahl des Clodius begünstigte, zur Einbringung der lex curiata sich gewiss nicht entschlossen, wenn er sie nicht wirklich gleich dem Metellus für unumgänglich nöthig gehalten hätte. Der Auctorität des Dio Cassius steht endlich aber auch die des ganzen Senats gegenüber: denn wir wissen aus Cicero, [2]) dass allerdings schon im J. 60 darüber im Senate verhandelt wurde, ob Clodius Plebejer sei und sich um das Tribunat bewerben dürfe, wir wissen aber auch, dass nicht bloss Cicero, sondern vielmehr der ganze Senat in dieser Frage mit dem Consul Metellus Celer durchaus einverstanden war. Von den Schriftstellern aber ist es nicht etwa bloss Cicero, der bezüglich der Vorgänge des J. 60 anders urtheilt als Dio Cassius, [3]) sondern auch Sueton, der geradezu sagt, Clodius habe schon lange vergeblich (frustra) sich bemüht zur Plebs überzutreten, bis Caesar ihm endlich dazu verholfen habe. [4])

---

1) Man kann hinzufügen, dass auch einige Tribunen des J. 60 mit Metellus Celer müssen einverstanden gewesen sein. Denn, wenn alle den Clodius für einen rechtmässigen Plebejer gehalten hätten, so hätte Metellus die Candidatur und die Wahl des Clodius nicht hindern können. Vgl. rücksichtlich des Verhaltens der Tribunen auch Cic. ad Att. 1, 18, 4. 1, 19, 5 (unten Anm. 4).

2) Cic. ad Att. 2, 1, 1: Ac nunc quidem etiam est; sed si paullo plus furor Pulchelli progredi possit, valde ego te istim excitarem. Verum penetrare Metellus impedit et impedivit. Quid quaeris? Est consul φιλόπατρις et, ut semper iudicavi, natura bonus. 5. Ille autem non simulat, sed plane tribunus pl. fieri cupit. Qua de re cum in senatu ageretur, fregi hominem et inconstantiam eius reprehendi, qui Romae tribunatum pl. peteret, cum in Sicilia, Iferae, aedilitatem se petere dictitasset. Sed neque magno opere dixi esse nobis laborandum, quod nihilo magis ei liciturum esset plebeio rem publicam perdere, quam similibus eius, me consule, patriciis esset licitum. Dass der Senat sich für Metellus erklärte, folgt daraus, dass Cicero in diesem Zusammenhange das Gegentheil nicht erwähnt. Uebrigens vgl. Cic. de har. resp. 21, 44: Hanc ob amentiam in discordiis nostris, de quibus ipsis his prodigiis recentibus a dis immortalibus admonemur, accepius est unus ex patriciis, cui tribuno pl. fieri non liceret. 46. Quod anno ante fraret Metellus et concors etiam tum senatus, senatus principe Cn. Pompeio sententiam dicente, excluseret acerrimeque una voce ac mente restiterat, id post discidium optimatium, de quo ipso nunc monemur, ita perturbatum itaque permutatum est, ut quod frater consul ne fieret obstiterat, quod affinis et sodalis, clarissimus vir, qui illum reum non laudarat, excluserat, id in consul efficeret in discordiis principium, qui illi unus luimicissimus esse debuerat, eo tecluse auctore se diceret, cuius auctoritatis neminem posset paenitere.

3) Dass er diess thut, folgt, abgesehen von den in der vorigen Anm. citirten Stellen, besonders auch daraus, dass er de dom. 13, 14 auf die formlose detestatio des J. 60 gar nicht eingeht (vgl. oben S. 6).

4) Suet. Caes. 20; die Worte s. S. 3, Anm. 3. Zu diesen vergeblichen Bemühungen gehörte ausser der formlosen Abschwörung des Patriciats auch das, dass Clodius einen Tribunen C. Herennius schon im Januar 60 bewogen hätte, zu versuchen, ob er nicht durch das gewöhnliche Gesetzgebungsverfahren in Tributcomitien ihn, Clodius, für einen Plebejer könne erklären lassen. Cic. ad Att. 1, 18, 4: Est autem C. Herennius quidam tribunus pl., quem tu fortasse ne nosti quidem: is ad plebem P. Clodium traducit; idemque fert, ut universus populus in campo suffragium de re Clodii ferat. Hunc ego accepi in senatu, ut soleo; sed nihil est illo homine lentius. 5. Metellus est consul egregius et nos amat, sed imminuit auctoritatem suam, quod habet dicis causa promulgatum illud idem de Clodio. (Beiläufig bemerke ich, dass wenn Metellus damals, vielleicht aus verwandtschaftlichen Rücksichten, den Antrag des Herennius unterstützte, seine spätere Erklärung gegen Clodius umsomehr als eine rechtlich begründete ius Gewicht fällt.) Am 15. März aber schreibt Cic. ad Att. 1, 19, 5: Haec sunt in republica; nisi etiam illud ad rem publicam puto pertinere, Herennium quendam, tribunum pl., tribulem tuum, sane hominem nequam et egentem, saepe iam de P. Clodio ad plebem tradocendo agere coepisse; huic frequenter intercediur. Angesichts dieser Notizen ist sogar der Zweifel berechtigt, ob nicht das, was Dio Cassius 37, 51 erzählt von einem durch Clodius veranlassten Antrage, so

2

Unter solchen Umständen kann darüber wohl kein Zweifel sein, dass die Auffassung des Dio Cassius eine juristisch falsche, und demnach die auf sie sich stützende Ansicht Mommsens über die Identität der *transitio ad plebem* mit der *detestatio sacrorum* unhaltbar ist. Wir werden daher auf die Beckersche Ansicht von der *transitio ad plebem* zurückkommen müssen, nach welcher die *transitio ad plebem* eines *homo sui iuris* rechtlich nur durch Arrogation von Seiten eines Plebejers und durch sofortige Emancipation bewerkstelligt werden konnte, und welche wir vorhin insofern ergänzt haben, als wir erkannten, dass dieser *arrogatio*, sogut wie jeder andern, die *detestatio sacrorum* vorangehen musste. Um aber diese Ansicht festhalten zu können gegenüber dem schon erwähnten Einwande Mommsens, dass sich bei ihr nicht erkläre die für die *transitio ad plebem* charakteristische Beibehaltung des Namens, müssen wir unser Augenmerk jetzt eben der Frage zuwenden, ob sich die Beibehaltung des Namens nicht doch erklärt trotz der stattfindenden *arrogatio?* Diese Frage muss bejaht werden, da ja auch Clodius arrogirt worden ist. — die Thatsache an sich bestreitet ja Mommsen nicht —, und trotzdem nach wie vor Clodius, und nicht etwa Fontejus hiess.[1] Lässt sich nun aber im Falle des Clodius erklären, wie es kam, dass er seinen Namen beibehielt, so ist damit überhaupt erklärt, wie trotz der *arrogatio* die Beibehaltung des Namens mit der *transitio ad plebem* verbunden sein konnte.

Die Lösung des Räthsels liegt aber, wie ich vermuthe, darin, dass die zum Behufe der *transitio ad plebem* vorgenommene *arrogatio* keine ernstlich gemeinte, sondern eine *arrogatio fiduciae causa*, eine Scheinarrogation, war.

Solcher Scheingeschäfte hat das römische Recht bekanntlich mehrere erzeugt.[2] Ihre

solle auch den Patriciern das Tribunat zugänglich sein (s. S. 5, Anm. 4), auf Verwechselung mit dem Antrage des Herennius beruht. Doch ist es ebenso möglich, dass Herennius, nachdem sein ursprünglicher Antrag gescheitert war, einen neuen Antrag in dem Sinne stellte, den Dio Cassius angiebt. Die Zeitverhältnisse wenigstens gestatten es; denn die Senatsverhandlungen, von denen Cicero ad Att. 2, 1, 4, 5 und de har. resp. 21, 44 spricht, fanden erst im Juni statt (Drumann Bd. 2, S. 219), so dass man annehmen darf, Herennius habe eben im April und Mai sich vergeblich bemüht, den neuen Antrag durchzusetzen, und Clodius habe, als er sich von der Vergeblichkeit auch dieser Bemühungen überzeugt habe, etwa Ende Mai oder Anfang Juni in einer contio des Herennius sein Patriciat abgeschworen und versucht dadurch die Qualität eines Plebejers zu erhalten. — Ganz ohne Grund ist es übrigens, wenn Drumann, Bd. 2, S. 219, abweichend von Dio Cassius und von Cicero sagt, Herennius habe den Clodius in Tributcomitien von einem Plebejer wollen adoptiren lassen. Brückner, Leben Cic. S. 303 behauptet sogar, diese Adoption sei durchgesetzt.

1) Clodius wird bekanntlich in seinem Tribunat und überhaupt nach seinem Uebertritt stets Clodius genannt (S. 2, Anm. 3); dass er rechtlich so hiess, folgt daraus, dass seine Gesetze leges Clodiae heissen. Dass er rechtlich so hiess in Folge einer Verschiedenheit seiner Adoption von andern Adoptionen, sagt Cic. de dom. 13, 35: quae adoptiones, sicut alias innumerabiles, hereditates nominis, pecuniae, sacrorum secutae sunt. In te neque Fonteius es, qui esse debebas, neque patria berro, neque amissis sacris paternis in hanc adoptiva venisti. Angesichts dieser Stelle kann weder aus Cic. de dom. 44, 116 noch aus Cic. de har. resp. 27, 57 geschlossen werden, dass Clodius rechtlich Fontejus geheissen habe. Die erste Stelle lautet: Inferiorem aedium partem assignavit non suae genti Fonteiae, sed Clodiae, quam retiquili, quem in numeram ex multis Clodiis semo nomen dedit, nisi aut egestate aut scelere perditus. Offenbar will Cicero hier nur sagen, dass eigentlich Clodius nicht mehr zur gens Clodia, sondern zur Familie des Fontejus gehöre (was er ja auch 13, 35 sagt), nicht aber, dass er rechtlich und wirklich Fontejus geheissen habe. Die andere Stelle lautet: luce parentum nomen, sacra, memoriam, gentem Fonteiano nomine obruit. Offenbar soll damit nur gesagt sein, dass Clodius seinen Namen durch eine Arrogation, in Folge deren er eigentlich hätte ein Fontejus werden müssen, beschimpft habe, nicht dass er rechtlich und wirklich Fontejus geheissen habe.

2) Im Allgemeinen wolle man hierüber Ihering, Geist des röm. Rechts Bd. 2, S. 554 nachsehen.

ursprüngliche Stelle scheint die *fiducia* im Sachenrechte zu haben; man bezeichnete mit diesem Ausdrucke die z. B. beim Pfandgeschäfte nur zum Scheln, im Vertrauen auf die Rückgabe, geschehene Uebertragung des Eigenthumsrechts durch *mancipatio* oder *in iure cessio*; die *mancipatio* oder *in iure cessio* geschah hierbei nur *fiduciae causa*, der eigentliche Zweck war nicht die Eigenthumsübertragung, sondern etwas Anderes.[1] Von der *mancipatio* war die *fiducia* auf die *coemptio* übertragen, die ihrerseits ja nur eine besondere Anwendung der *mancipatio* zur Begründung der *manus* des Mannes über die Frau war. Eine *coemptio fiduciae causa* war verschieden von einer *coemptio matrimonii causa*; die Frau schloss jene ab, nicht um eine Manus-Ehe *liberorum quaerendorum causa* einzugehen, sondern um in die *manus* eines Mannes zu kommen, mit dem sie im Voraus Remancipation an einen Dritten verabredet hatte, der die Frau dann manomittirte und ihr *tutor fiduciarius* wurde. Die Frauen schlugen diesen Weg ein, nicht zu dem eigentlichen Zwecke, wozu die *coemptio* ursprünglich bestimmt war, sondern zur Erreichung von Nebenabsichten, z. B. um das Recht der *testamenti factio* zu erwerben, oder um Freiheit von lästigen Sacra oder von der Agnatentutel zu erlangen.[2]

Dass nun die *arrogatio* des Clodius durch P. Fontejus in der That eine *arrogatio fiduciae causa* war, lässt sich aus der Aehnlichkeit dieser *arrogatio* mit der *coemptio fiduciae causa* leicht darthun.[3]

1. Fontejus adoptirte den Clodius nicht im wahren Sinne des Instituts der Adoption, um einen Sohn zu erhalten, der, seiner *patria potestas* unterworfen, seine, des Fontejus, Familie fortsetze; — denn Fontejus war erst zwanzig Jahr alt, verheirathet, konnte

---

1) Boeth. ad Cic. top. cap. 10 (p. 310 Or.): *Fiduciam vero accepit, cuicunque res aliqua mancipatur, ut cum mancipanti remancipet; velut si quis tempus dubium timens amico potentiori fundum mancipet, ut ei, quum tempus, quod suspectum est, praeterierit, reddat: haec mancipatio fiduciaria nominatur ideirco, quod restituendi fides interponitur.* Ibid. orig. 6, 25: *Fiducia est cum res aliqua sumendae mutuae pecuniae gratia vel mancipatur, vel in iure ceditur.* Vgl. auch Gaj. 2, 59. 60. Paul. sent. rec. 2, 13 (p. 361 Huschke). Ihering, a. a. O. S. 557.

2) Gaj. 1, 114: *Potest autem coemptionem facere mulier non solum cum marito suo, sed etiam cum extraneo; unde aut matrimonii causa facta coemptio dicitur, aut fiduciae causa; quae enim cum marito suo facit coemptionem, ut apud eum filiae loco sit, dicitur matrimonii causa fecisse coemptionem; quae vero alterius rei causa facit coemptionem cum viro suo aut cum extraneo, velut tutelae evitandae causa, dicitur fiduciae causa fecisse coemptionem.* 115. *quod est tale: si qua velit quos habet tutores reponere, ut alium nanciscatur, iis auctoribus coemptionem facit; deinde a coemptionatore remancipata ei, cui ipsa velit, et ab eo vindicta manumissa incipit eum habere tutorem, a quo manu missa est; qui tutor fiduciarius dicitur, sicut inferius apparebit.* 115a. Olim etiam *testamenti faciendi gratia fiduciaria fiebat coemptio; tunc enim non aliter feminae testamenti faciendi ius habebant, exceptis quibusdam personis, quam si coemptionem fecissent remancipataeque et manu missae fuissent; sed hanc necessitatem coemptionis faciendae ex auctoritate divi Hadriani senatus remisit.* Cic. pro Mur. 12. 27: *Nam cum permulta praeclare legibus essent constituta, ea iureconsultorum ingeniis pleraque corrupta ac depravata sunt. Mulieres omnes propter infirmitatem consilii maiores in tutorum potestate esse voluerunt: hi invenerunt genera tutorum, quae potestate mulierum continerentur. Sacra interire illi noluerunt: horum ingenio senes ad coemptiones faciendas interimendorum sacrorum causa reperti sunt.*

3) Eine gleichmässige Behandlung der *coemptio* und *arrogatio* lag den Juristen überhaupt nahe, auch wo die Acte im eigentlichen Sinne stattgefunden hatten. S. Gaj. 4, 38, wonach sowohl gegen den *arrogatus*, als auch gegen die Frau *quae coemptionem fecit*, eine *actio utilis* eingeführt worden ist, bei welcher fingirt wird, dass sie nicht *capitis deminutio* erlitten hätten.

sehr wohl noch leibliche Kinder erhalten und hatte somit gar keinen im alten pontificischen Rechte begründeten Anlass zu einer Adoption zu schreiten.[1] Ganz eben so geht der *coemptionator fiduciarius* die *coemptio* nicht im wahren Sinne des Instituts der *coemptio* ein, um eine Frau zu erhalten, die seiner vollen eheherrlichen *manus* unterworfen, in einem *matrimonium liberorum quaerendorum causa* ihm Kinder gebäre.

2. Fontejus emancipirte den Clodius sofort nach der Arrogation.[2] Ganz ebenso remancipirt der *coemptionator fiduciarius* die Frau sofort an einen Dritten.[3] Dort wird die so eben begründete *patria potestas*, hier die so eben begründete *manus* sofort wieder aufgehoben.

3. Clodius gilt gar nicht als *filius* oder, nach erfolgter Emancipation, als gewesener *filius* des Fontejus; — denn er führte weder den Namen des Fontejus, noch dessen Sacra, noch hatte er ein Erbrecht auf dessen Vermögen.[4] Ganz ebenso ist die Frau, welche durch *coemptio fiduciae causa* in die *manus* des *coemptionator* gekommen war, für diesen nicht *filiae loco*, wie es diejenige Frau ist, welche durch *coemptio matrimonii causa* in die *manus* des *maritus* kommt.[5]

4. Obwohl Clodius nicht im wahren Sinne des Worts *filius* des Fontejus werden sollte, so wurde er doch insoweit als dessen *filius* betrachtet, als dieses nöthig war, um das Recht des Fontejus zur Emancipation zu begründen. Ganz ebenso erkennen die Juristen an,

1) Cic. de dom. 13, 34: Quod est, pontifices, ius adoptionis? Nempe ut is adoptet, qui neque procreare iam liberos possit et, cum potuerit, sit expertus. — Quid est horum in hac adoptione quaesitum? Adoptat annos viginti natus, etiam minor, senatorem. Liberorumne causa? At procreare potest: habet uxorem. Suscipiet iam liberos: exheredabit igitur pater filium? 14, 37: Quae maior calumnia est, quam venire imheredum adolescentulum, bene valentem ac maritum: dicere se filium senatorem populi Romani sibi velle adoptare?

2) Cic. de dom, 14, 37 (oben S. 5, Anm. 1).

3) Gaj. 1, 115 (oben S. 11, Anm. 2).

4) Cic. de dom. 13, 35 (oben S. 10, Anm. 1). 14, 37 (oben S. 5, Anm. 1). Dass bei der Arrogation des Clodius der Ausdruck *filius* gebraucht wurde (vgl. Cic. de dom. 29, 77 mit Gell. 5, 19), steht natürlich nicht entgegen. Denn das Scheingeschäft geschah genau in denselben Formen, wie das ernsthaft gemeinte. Vgl. Ihering a. a. O. S. 656: „Zunächst verstand es sich wohl von selbst, dass das Geschäft sich nicht selbst als Scheingeschäft bezeichnen durfte." 557 Anm. „das Kriterium des fiducise causa geschlossenen Geschäfts lag lediglich in seinem Zweck, nicht in der Form." Hierin muss man sich erinnern, um zu verstehen, mit welchem Rechte Cicero sagen konnte in unmittelbarem Anschluss an die S. 10, Anm. 1 citirten Worte: Ita perturbatis sacris, contaminatis gentibus et quam deseruisti et quam polluisti, iure Quiritium legitimo tutelarum et hereditatum relicto, *factus es etus filias* contra fas, cuius per aetatem pater esse potuisti. Dass Clodius gefragt wurde, ob *er filius* des Fontejus werden wolle, deutet Cicero auch an durch die ironische Bemerkung 13, 36: nisi forte ea te ita quaesitum est, num perturbare rem publicam seditionibus velles, et ob eam causam adoptari, non ut *eius filius esses*, sed ut tribunus pl. fieres et funditus everteres rem publicam.

5) Gaj. 1, 114 (oben S. 11, Anm. 2). Der obige Satz erleidet allerdings eine Ausnahme. Da nämlich die Frau auch mit ihrem Ehemanne selbst, mit dem sie in einer Ehe ohne Manus lebte, eine *coemptio fiduciae causa* eingehen konnte (Gaj. 1, 114), so war allerdings bei einer solchen *coemptio fiduciae causa* mit dem *maritus* bestimmt, dass die Frau für diesen doch *filiae loco* sein sollte. Gaj. 1, 115b: (si qua tamen mulier) fiduciae causa cum viro suo fecerit coemptionem, nihilo minus *filiae loco* incipit esse: nam si omnino qualibet ex causa uxor in manu viri sit, placuit eam *filiae loco* haberi. Vgl. Gaj. 1, 118 in der folgenden Anm. und Gaj. 1, 136: quamvis hae solae loco *filiarum* habeantur, quae in viri manu sunt. Natürlich hindert diese Ausnahme die obige Vergleichung nicht im Geringsten.

dass der *coemptionator fiduciarius*, obwohl die Frau für ihn nicht *filiae loco* ist, doch das Recht habe, sie zu mancipiren. [1]

5. Clodius liess sich von Fontejus adoptiren zu dem der Adoption an sich fremdartigen Zwecke, um frei zu werden von dem Hemmniss, das ihm als Patricier bei der Bewerbung um das Volkstribunat entgegenstand. [2] Ganz ebenso gingen die Frauen die *coemptio fiduciae causa* zu den der *coemptio* an sich fremdartigen Zwecken ein, um frei zu werden von der Agnatentutel oder von lästigen Sacra oder von der Unfähigkeit zur Errichtung eines Testaments. [3]

6. Clodius liess sich von einem viel jüngern Manne, dessen Vater er hätte sein können, adoptiren, gleichsam um hierdurch recht augenfällig zu zeigen, dass es sich nicht um eine ernstliche *arrogatio*, sondern um eine *arrogatio fiduciae causa* handele. [4] Ganz ebenso pflegten die Frauen die *coemptio fiduciae causa* mit abgelebten Greisen einzugehen, um ihrerseits zu zeigen, dass es sich nicht um eine ernstliche *coemptio matrimonii causa*, nicht um den Zweck der Ehe *liberorum quaerendorum causa* handele. [5]

Kurz der Adoptivvater P. Fontejus spielte bei der *transitio ad plebem* des Clodius offenbar nur *dicis causa* seine Rolle, ähnlich wie die *senes coemptionales* bei der *coemptio fiduciae causa* und der *familiae emptor* beim Mancipationstestamente. [6]

_____

1) Gaj. 1, 118: Idem iuris est in earum personis, quae in manu sunt: nam feminae a coemptionatoribus eodem modo possunt [mancipari, quo liberi a parente mancipantur; adeo] quidem, ut, *quamvis ea sola apud coemptionatorem filiae loco sit, quae ei nupta sit, tamen nihilominus etiam quae ei nupta non sit, nec ob id filiae loco sit, ab eo mancipari possit*.

2) Natürlich wurde dieser Zweck bei der Arrogation selbst nicht ausgesprochen. Vgl. Ihering a. a. O. S. 6561 „Bei der coemptio und in iure cessio fiduciae causa sollte der Empfänger die Person oder Sache nicht wirklich haben und behalten, wie in andern Fällen, sondern sie je nach getroffener Verabredung restituiren. Allein diese Verabredung hatte in dem Geschäft selbst keinen Platz, sie widersprach dem eigentlichen Zweck desselben; der einfach-natürlichen Vorstellungsweise wollte es nicht in den Sinn, dass man „erwerbe", wenn man den Erwerb nicht behalten solle. Ihr Verabredung konnte also, wie bei der sponsio praeiudicialis, und wie auch heutzutage bei jedem simulirten Geschäft nur nebenbei, d. h. ausserhalb des eigentlichen Geschäfts getroffen werden. Darauf beruht der Begriff der *fiducia* oder den *fiduciae causa* abgeschlossenen Geschäfts". Hiernach wird man verstehen die ironischen Bemerkungen Ciceros sowohl de dom. 13, 35 (S. 12, Anm. 6) als auch 14, 37: Quae maior calumnia est, quam venire imberbem adolescentulum bene valentem ac maritum, dicere, se filium senatorem populi Romani sibi velle adoptare: id autem *scire et ridere omnes*, non ut ille filius instituatur, sed ut, si ex patriciis exeat, tribunus pl. fieri possit, *idcirco adoptari*? neque id obscure: nam adoptatum emancipari statim, ne sit eius filius, qui adoptavit.

3) S. S. 11, Anm. 2.

4) S. die Stellen S. 12, Anm. 1 und Cic. de dom. 13, 35: factus es eius filius contra fas, *cuius per aetatem pater esse potuisti*. 36: Dico apud pontifices: neque istam adoptionem pontificio iure esse factam: primum quod eae vestrae sint aetates, ut is, qui te adoptavit, vel filii tibi loco per aetatem esse potuerit. Bart. Tib. 2: P. Clodio, qui ob expellendum urbe Ciceronem plebeio homini atque etiam aetate minori in adoptionem se dedit. Dass die Adoption eines älteren Mannes durch einen aetate minor anfangs nicht vorgekommen war, liegt in der Natur der Sache; dass die rechtliche Möglichkeit sodann eine Zeitlang controvers war, folgt aus Gaj. 1, 106: Sed illud quoque, quod quaesitum est, an minor natu maiorem natu adoptare possit, utriusque adoptionis commune est (d. h. der *arrogatio* und der *adoptio* im engeren Sinne).

5) Cic. pro Mur. 12, 27 (S. 11, Anm. 2). Vgl. Plaut. Bacch. 976: Nunc Priamo nostro sist quis emptor, coemptionalem *senem* vendam ego, venalem quem habeo, exemplo ubi oppidum expugnavero. Curtius bei Cic. ad fam. 7, 29, 1: quod quidem si inter *senes coemptionales* venale proscripserit, egerit non multum.

6) Gaj. 2, 103: nunc vero alius heres testamento instituitur, a quo etiam legata relinquuntur, alius *dicis gratia propter veteris iuris imitationem familiae emptor* adhibetur.

Bei diesen Aehnlichkeiten dürfen wir ohne Zweifel annehmen, dass von dem Collegium der Pontifices neben den ernstlich gemeinten Arrogationen auch *arrogationes fiduciae causa* zugelassen worden sind, wozu, abgesehen von der Ausdehnung der ursprünglich rein patrielischen *arrogatio* auf die Plebejer,[1] eigentlich weiter Nichts nöthig war, als dass es bei der pontificischen Cognition über die Beweggründe der Adoption ein Auge zudrückte.[2] Wollte man hiergegen sagen, dass, wenn diess so wäre, Cicero sich nicht dermassen vom Standpuncte des pontificischen Rechts über die Arrogation des Clodius hätte ereifern können, wie er es thut, so ist dagegen zu bemerken, dass Cicero dazu sehr wohl ein gewisses Recht hatte, da die pontificische Cognition der Arrogation des Clodius überhaupt nicht vorangegangen war.[3] Dieses

---

1) Diesen Punct hier weiter anzuführen ist unthunlich, da dabei die ganze Controverse wegen der Verhältnisse der Plebejer zu den Curiatcomitien zu erörtern sein würde. Einstweilen v. Röm. Alt. Bd. 1. Aufl. 2. S. 124 f. Eine weitere Ausführung jenes Punctes ist aber auch überflüssig, da er eine Nebensache betrifft, von deren Entscheidung die Entscheidung über das, was bei dem Gegenstande dieses Vortrags die Hauptsache ist, nicht abhängt.

2) Den *fiduciae causa arrogatus* gegen Missbrauch der *fiducia* von Seiten des Arrogirenden zu schützen, war nicht Sache des Collegiums; dafür werden die *iureconsulti* (Cic. pro Mur. 12, 27), möglicherweise also auch Mitglieder des Collegiums der Pontifices, gesorgt haben, so gut wie sie Mittel und Wege erfunden haben müssen, um auch die Frauen gegen solche Ansprüche der *corruptionatores* zu schützen, welche der *fiducia* widersprachen. Wer die *fiducia*, d. h. die neben dem solennen Geschäfte getroffene Verabredung brach, konnte mit der *fiduciae actio* (Paul. sent. rec. 2, 13, 8), die zu den *actiones fidei bonae* gehörte, belangt werden (Cic. de off. 3, 15, 61. ad fam. 7, 12, 2), und wer in einem *fiduciae iudicium* (Coll. Mos. 10, 2, 2) verurtheilt wurde, ward *infamis* (Cic. pro Rosc. com. 6, 16. pro Caec. 3, 7. Lex Iulia mun. lin. 111 in Mommsens 1. L. A. S. 122).

3) Er thut diess entschieden de dom. 13. 14. Indess muss man unterscheiden, was zu dieser Erörterung den Werth eines juristischen Arguments hat oder haben soll, was lediglich rednerische Ausschmückung ist. Ein juristisches Argument für die Nichtigkeit der Arrogation ist nur der formelle Mangel der pontificischen Cognition, rednerische Ausschmückung dagegen Alles, was Cicero über die Unzulässigkeit der Arrogation in materieller Beziehung sagt. Ihre Auseinandersetzung Ciceros beginnt mit den Worten 13, 34: Quod est, pontifices, ius adoptionis? Nempe ut is adoptet, qui neque procreare iam liberos possit, et cum potuerit, sit expertus. Quae deinde causa cuique sit adoptionis, quae ratio generum ac dignitatis, quae sacrorum, quaeri a pontificum collegio solet. Quid est horum in ista adoptione quaesitum? Wie er hier die materielle und formelle Seite der Frage zusammenbringt, so auch in der ganzen Deduction, und besonders deutlich am Schlusse der ganzen Stelle 14, 36: Dixi apud pontifices istam adoptionem nullo decreto huius collegii probatam, contra omne pontificium ius factam, pro nihilo esse habendam. Man darf den Redner nicht tadeln, dass er das Gewicht des Mangels eines pontificischen Decrets durch die Betrachtung steigert, dass ein solches nach pontificischem Rechte gar nicht habe ertheilt werden können, weil es dem Geiste des alten pontificischen Rechts widerspreche; aber man darf aus dieser vom Parteistandpuncte verfochtenen Ansicht, die Cicero eben deshalb ungenirt aussprechen konnte, weil kein pontificisches Decret vorlag und bei der Arrogation selbst natürlich nicht die Rede davon gewesen war, dass sie nur *fiduciae causa* stattfand, nicht schliessen, dass die Pontifices nicht schon vorher in ähnlichen Traditionsfällen gegen den Geist des alten pontificischen Rechts *arrogationes fiduciae causa* zugelassen hatten. Dass in der That schon vorher solche vorgekommen sein müssen, folgt daraus, dass der Consul Metellus die *lex curiata de arrogatione* nach dem *mos maiorum* (κατὰ τὰ πάτρια bei Dio Cass. 37, 51) für nothwendig erklärte. Ebensowenig darf man aus der von Cicero behaupteten und auch scheinbar bewiesenen Ungesetzlichkeit der Arrogation des Clodius schliessen, dass jede *arrogatio fiduciae causa* ungesetzlich sein würde. Es schien ihm nämlich die Arrogation des Clodius besonders deshalb ungesetzlich, weil Formfehler dabei vorgekommen waren. Der Mangel der pontificischen Cognition war nicht der einzige Formfehler, auf den Cicero die Behauptung der Nichtigkeit der Arrogation stützte. Die *lex curiata* war ausserdem mit Nichtachtung der Obnuntiation des Bibulus (de dom. 15, 39 f. de har. resp. 23, 48. de prov. cons. 19, 46) und mit Nichtbeobachtung des *trinundinum* der Promulgation (de dom.

Factum bezeugt zwar auch nur Cicero; wir dürfen es ihm aber unbedenklich glauben, zumal da es bekannt ist, dass Caesar die *lex curiata* sehr eilig — um die neunte Stunde desselben Tages, an welchem Cicero um die sechste Stunde den Caesar in einer Gerichtsrede direct angegriffen hatte — hatte annehmen lassen. [1] Offenbar hat Caesar in seiner Eigenschaft als *pontifex maximus* die Verantwortung für die Unterlassung der Cognition des Collegiums der Pontifices auf sich genommen.

Waren nun aber *arrogationes fiduciae causa* zulässig, so versteht es sich von selbst, dass der zu Arrogirende sich nebenbei nicht bloss die sofortige *emancipatio*, sondern auch das Recht ausbedingen konnte, seinen alten Namen, seine alten Sacra und sein altes Erbrecht beizubehalten. [2] Hiermit ist also die Beibehaltung des Namens bei der *transitio ad plebem* trotz der zum Behuf derselben stattfindenden *arrogatio* erklärt. Wenn aber der *fiduciae causa* Arrogirte seine alten Sacra beibehielt, [3] wie es Clodius wirklich that, [4] so zeigt sich jetzt zugleich, dass die bei der *transitio ad plebem* vorkommende *detestatio sacrorum*, weil entfernt nach Mommsens Ansicht die wesentliche Form für die *transitio ad plebem* zu sein, eben auch nur eine *detestatio sacrorum fiduciae causa* war.

Nunmehr wird sich die oben zurückgestellte Frage beantworten lassen, ob auch bei einem *filius familias* eine *transitio ad plebem* ohne Namensänderung vorkommen konnte. Diess war ohne Zweifel möglich, wenn der Vater seinen *filius familias* zunächst emancipirte;

16, 11. Dio Cass. 39, 11) rogirt worden; es war eben in formeller Beziehung Nichts in gesetzlicher Weise geschehen (Cic. de dom. 29, 77: in illa adoptatione legitime factum est nihil). Mehr als die Ungesetzlichkeit wegen Formmängel hat auch Plutarch nicht im Sinne, wenn er Cat. min. 33 sagt: Πόπλιον δὲ Κλώδιον ἐκ πατρικίων εἰς δημοτικοὺς παρανόμως μετεστήσατεν. Dass die Arrogation des Clodius, abgesehen von diesen Formfehlern, ganz gesetzlich war, folgt daraus, dass andere Staatsmänner die rechtliche Wirksamkeit der Arrogation bezüglich der Plebität des Clodius trotz der Formfehler anerkannten (z. B. Cato, s. Dio Cass. 39, 22. Plut. Cat. min. 40. Cic. 34), und dass Cicero sich, wenn auch widerstrebend, diesem Standpuncte accommodirte (Cic. de dom. 16, 42. de prov. cons. 19, 45).

1) Cic. de dom. 16, 41: Hora fortasse sexta dixi quaestus sum in iudicio, cum C. Antonium, collegam meum, defenderem, quaedam de re publica, quae mihi visa sunt ad illius miseri causam pertinere. Haec homines improbi ad quosdam viros fortes longe aliter atque a me dicta erant detulerunt. Hora nona illo ipso die tu es adoptatus. Suet. Caes. 20 (s. S. 3, Anm. 3). Aus Cic. ad Att. 2, 12 ist aber zu ersehen, dass die Arrogation, welche kurz vor den Cerialien (vor dem 19. April) stattgefunden hatte, fast heimlich vor sich gegangen war.

2) Streitig machen konnten ihm diess nur der *pater fiduciarius* und seine bisherigen Gentilen. Jener durfte es nicht, wenn er sich nicht einem *iudicium fiduciae* aussetzen und *infamis* werden wollte. Diese aber mögen auch kraft einer neben dem solennen Geschäfte der Arrogation bergehenden Verabredung auf die Geltendmachung ihrer Rechte verzichtet haben. Die Annahme, dass sie dazu geneigt gewesen seien, ist um Nichts bedenklicher, als die Annahme, dass die agnatischen Tutoren der Frauen bereit waren auf die Tutel zu verzichten, wozu sie doch auch bereit gewesen sein müssen, da ohne ihre Einwilligung (auctoritas) die *coemptio fiduciae causa* unmöglich gewesen wäre. S. Gaj. 1, 115 (S. 11, Anm. 2).

3) Hierdurch unterscheidet sich die *arrogatio fiduciae causa* von der *coemptio fiduciae causa*, insofern die letztere benutzt wurde, um sich lästiger Sacra zu entledigen (Cic. Mur. 12, 27). Indess ist diess durchaus kein principieller Unterschied, ein blos factischer der Anwendung. Auch ist es sehr wohl möglich, dass eine Frau, welche nur das Recht der testamentlichen factio erwerben oder nur von den Agnaten frei werden wollte, sich ebenso wie der *fiduciae causa* Arrogirte die Beibehaltung ihrer Sacra ausbedang.

4) Cic. de dom. 13, 35 und 44, 116 (S. 10, Anm. 1). Vgl. über die letztere Stelle Macquardt Bd. 4, 8. 144, A. 857, der indess, falls meine Ansicht von der *arrogatio fiduciae causa* richtig ist, das. S. 239, Anm. 1433 irrt, wenn er meint, die Beibehaltung der *sacra gentis* Clodiae sei gegen das *ius sacrum* gewesen.

zum *homo sui juris* geworden, konnte derselbe dann vermittelst der *arrogatio fiducine causa* mit Beibehaltung des Namens übertreten. Aber es gab dafür einen noch bequemeren Weg, den der *adoptio* (im engern Sinne, *fiduciae causa*, die wir nach Analogie der *arrogatio fiduciae causa* unbedenklich voraussetzen dürfen. Eine solche *adoptio fiduciae causa* musste in denselben Formen geschehen, wie die eigentlich gemeinte *adoptio*, nämlich durch dreimalige Mancipation von Seiten des Vaters, Emancipation und Remancipation von Seiten des Käufers, und schliessliche *in jure cessio* gegenüber dem den Sohn vindicirenden Adoptivvater vor dem Praetor.[1] Natürlich aber musste nebenbei sofortige Emancipation und Beibehaltung des Namens, der Sacra und des Erbrechts ausbedungen werden. Da die *adoptio* mit der *coemptio* auf derselben Stufe steht, da jene wie diese auf der *mancipatio* beruht, da der Begriff der *fiducia* zuerst bei der *mancipatio* Zugang fand: so darf man vermuthen, dass *adoptiones fiduciae causa* sogar eher vorgekommen sind, als *arrogationes fiduciae causa*. Es lag in der Natur der Sache, dass man weniger scrupulös war bei der Anwendung civilrechtlicher Formen *fiduciae causa* als bei der entsprechenden Anwendung sacralrechtlicher Formen.[2]

Ueber die Zeit der Zulassung dieser Neuerungen lässt sich Folgendes vermuthen. Da die ältesten historisch gesicherten Fälle von *transitiones ad plebem* nach Mommsen im zweiten punischen Kriege vorkommen,[3] so nehmen wir an, dass damals die *adoptio fiduciae causa* üblich geworden ist, was sowohl mit der Entwickelung der Zustände innerhalb der Nobilität, als auch damit stimmt, dass die *coemptio fiduciae causa* nicht viel später üblich geworden sein muss.[4] Einige Generationen später wird dann die *fiducia* auch auf die *arrogatio* angewendet worden sein; zur Zeit der Gracchen und des Marius wenigstens war die Religiosität der Römer schon tief genug gesunken, um es begreiflich zu finden, dass mit den alten geheiligten Formen des Sacralrechts ein ihrem Geiste widerstrebender Missbrauch getrieben, man möchte sagen, Komödie gespielt werden konnte.[5]

---

1) Gaj. 1, 134. Gell. 5, 19.

2) Dass *homines sui juris* sich erst von einem Patricier ernstlich arrogiren liessen, um dann, von diesem einem Plebejer durch *adoptio fiduciae causa* übergeben, zur Plebs überzutreten, ist juristisch möglich. Aber dass sie diesen jedenfalls weniger bequemen Umweg einschlugen, ist nicht wahrscheinlich, da eben Clodius ihn nicht eingeschlagen hat.

3) Dh. Mus. S. 354. Röm. Forschungen S. 124. Es sind C. und M. Servilius Gemians, die 203 und 202 Consuln waren. Es ist nur bekannt, dass sie Plebejer waren, während ihre Vorfahren dem patricischen Stande angehörten; natürlich aber nicht, ob sie als *filii familias* oder als *homines sui iuris* übergetreten sind. Nur aus den angeführten inneren Gründen halte ich jenes für wahrscheinlicher.

4) Vgl. Lange, Römische Alterthümer Bd. 2. S. 260, Bd. 1. 2. Aufl. S. 107. 207.

5) Leider lässt sich nicht ermitteln, ob P. Sulpicius Rufus, der berüchtigte Volkstribun des J. 88, der noch vom Patriciat zur Plebs übergetreten sein muss (Mommsen Rk. Mus. S. 355. Röm. Forsch. S. 130), dies als *filius familias* oder als *homo sui iuris* that. Gewiss ist zwar, dass schon Scipio Aemilianus in seiner Censur 142 v. Chr. Geb. über Missbrauch im Adoptionswesen klagte; aber diess bezog sich möglicherweise nur auf Adoption im engern Sinne (Gell. 5, 19, 15, 16). Sollte aber nicht die Thatsache, dass der Pontifex maximus Q. Mucius Scaevola (Consul 95) den bei der Arrogation zu leistenden Schwur (Gell. 6, 19) neu formulirt hatte (denn dass er den Schwur selbst nicht etwa aufbrachte, sondern nur neu formulirte, ist wohl selbstverständlich), in Verbindung zu bringen sein mit der Nothwendigkeit einer laxeren Praxis seit dem Aufkommen der *arrogationes fiduciae causae*? Wenn die Pontifices bei der Cognition ein Auge zudrückten, so werden sie auch genetzt gewesen sein, dem Schwure eine Form zu geben, bei welcher sich das Gewissen des Schwörenden im Falle einer nicht ernstlich gemeinten Arrogation beruhigen konnte. Und dass Q. Mucius Scaevola sich für die *fiducia* sehr interessirte, ersehen wir aus Cic. de off. 3, 17, 70.

Epikritische Abhandlung.

Da Mommsens Antikritik (Röm. Forsch. S. 399—411) der in vorstehendem Vortrage enthaltenen Kritik seiner Ansicht (Röm. Forsch. S. 123) sich in zwei Abschnitte zerlegt, in denen erstens der Widerspruch meiner Ansicht mit der historischen Ueberlieferung, und sodann zweitens der Widerspruch meiner Ansicht mit der Logik des römischen Rechts nachgewiesen werden soll, so will auch ich diese Puncte getrennt halten. Nur mein erster Abschnitt ist rein polemisch; der zweite enthält neben der Zurückweisung von Mommsens Anschuldigung eine eingehendere Entwickelung und Begründung des juristischen Charakters der Scheinadoptionen.

I. Die geschichtliche Ueberlieferung.

Ἀμάρτυρον οὐδὲν ἀείδω.

Im Eingange zu seiner nunmehrigen Erörterung der geschichtlichen Ueberlieferung behauptet Mommsen, dass der Name *transitio ad plebem* für die von mir angenommene *arrogatio* (bezw. *adoptio*) *fiduciae causa* nicht passe. „Wenn die klare und schlichte Begriffsbezeichnung der römischen Rechtssprache geläufig ist, der wird schwer einräumen, dass dieser Ausdruck den von Lange combinirten verwickelten Scheinact, und nicht vielmehr die einfache Uebertrittserklärung bezeichnen soll" (S. 400; vgl. auch S. 406). Ich gebe zu, dass, wenn bewiesen wäre, dass es eine „einfache Uebertrittserklärung" gegeben habe — was M. natürlich als bewiesen voraussetzt —, auch für diese der Ausdruck *transitio ad plebem* nicht unpassend sein würde.[1] Allein, ob es eine „einfache Uebertrittserklärung" gab, das ist ja eben die Frage; und ich habe bewiesen und werde noch bündiger beweisen, dass diese Frage wegen der historischen Ueberlieferung mit Bestimmtheit zu verneinen ist. Dass übrigens auch ein combinirter verwickelter Rechtsact sehr wohl mit einem klaren und schlichten Ausdrucke bezeichnet werden kann, das beweist der Ausdruck *emancipatio*, durch welchen, wo es sich um das Heraustreten des Sohnes aus der *patria potestas* handelt, ein Complex von nicht weniger als sechs, bezw. sieben einzelnen Handlungen zusammenfassend bezeichnet wird. Und dass derjenige Uebertritt des Clodius, den dieser durch die *arrogatio* mit vorausbedingener *emancipatio* bewerkstelligte, als *transitio ad plebem* wirklich bezeichnet worden ist, das gesteht ja M. selbst S. 402, Anm. 8 zu. Freilich sucht er das Gewicht dieser Thatsache

---

1) Der entsprechende causative Ausdruck *traducere ad plebem* passt jedoch zu M's „einfacher Uebertrittserklärung" gar wenig, da bei ihr der Positus maximus, auf den allein mit einigem Recht das *traducere* bezogen werden könnte, nur seine passive Assistenz berleiht und durchaus nicht in dem Sinne activ ist, wie es der Begriff des Wortes *traducere* erfordern würde.

3

des Sprachgebrauchs abzuschwächen durch die Bemerkung, dass der Ausdruck *transire* „begreiflicher Weise auch hierauf (auf den Uebertritt durch Arrogation) angewandt wird", worin ohne Zweifel die Andeutung liegt, der Ausdruck sei hier in einer freieren, vom technischen Gebrauch sich entfernenden, Weise angewendet worden. Allein wer bedenkt, dass der Ausdruck *transire* in dem von M. supponirten technischen Sinne einer „einfachen" Uebertrittserklärung — deren Existenz doch vorläufig mindestens sehr problematisch ist — nirgends in den Quellen sicher nachweisbar ist,[1] wohl aber in dem nach M. angeblich nicht technischen Sinne,[2] der wird einräumen, dass es gerathener ist, die Bedeutung römischer Rechtsausdrücke mit mir aus der Art, wie sie in den Quellen wirklich angewendet werden, als mit M. aus an sich richtigen, aber doch sehr allgemeinen Vorstellungen von der Klarheit und Schlichtheit der Begriffsbezeichnung der römischen Rechtssprache zu entnehmen. — Noch mehr, der Ausdruck *transitio ad plebem* kannte nicht bloss den von mir combinirten verwickelten Scheinact bezeichnen, er hat ihn nicht bloss in Wirklichkeit bezeichnet; nein, es lässt sich sogar darthun, wie dieser Ausdruck für diesen Scheinact aus dem bei dem Adoptionsverfahren selbst üblichen von M. übersehenen Sprachgebrauche sich entwickelt hat. Mit Bezug auf M's frühere Behauptung, dass „für die Annahme an Kindesstatt die Bezeichnung *transitio ad plebem* als technische wenig angemessen ist", — was übrigens in der Weise Becker durchaus nicht behauptet hatte —, habe ich schon oben S. 5, Anm. 3 bemerkt, dass der Ausdruck *transire*, nämlich *transire in alienam familiam*, bei der Adoption überhaupt üblich ist. Wenn nämlich die Arrogation (im Gegensatze zur Adoption im engern Sinne) eine Art genannt wird des *in alienam familiam transitus* (Gell. 5, 19), so kann kein Zweifel sein, dass man von der Adoption überhaupt den Ausdruck *transire in alienam familiam*[3] gebrauchte, zumal da dieser Ausdruck ganz conform ist dem von der Frau, welche in die Manus eintritt, gebrauchten Ausdrucke *transire in familiam viri* (Gaj. 1, 111), wie auch dem von dem Vermögen des Arrogirten gebrauchten Ausdrucke *transire* (Gaj. 2, 98. Dig. 1, 7, 15). Demgemäss sagte man natürlich von einem Patricier, der von einem Plebejer adoptirt wurde: *transire in plebeiam*

---

1) Bei Cic. Brut. 16, 62. In Clod. et Cur. 3, 2 (p. 948 ed. Tur. 1862 oder bei Ascon. p. 383 Or.). Liv. 4, 16 kommt der Ausdruck ohne alle Andeutung über die Form des Uebertritts vor. Ebenso der entsprechende griechische Ausdruck μετατίθεται bei Dio Cass. fr. 22 und 42, 29. Derselbe Ausdruck findet sich allerdings in Verbindung mit ἐξόμνυσθαι bei Dio Cass. 37, 51. Zon. 7, 15. Allein in beiden Stellen heisst es ἐξομόσατο καὶ μετέστη (oben S. 1, Aum. 1 und S. 5, Anm. 4), was schon nach den Regeln der Hermeneutik entschieden mehr für meine Annahme spricht, dass das ἐξόμνυσθαι (die *detestatio sacrorum*) ein vorbereitender Schritt für das μετατίθεσθαι war, als für M's Annahme, dass das μετατίθεσθαι durch das ἐξόμνυσθαι vollzogen worden sei. Denn wäre ausser dem ἐξόμνυσθαι nicht noch ein Mehreres erforderlich gewesen, so hätten die Schriftsteller nicht ἐξωμόσατο καὶ μετέστη, sondern ἐξομοσάμενος μετέστη geschrieben oder wenigstens schreiben müssen. — Der entsprechende causative Ausdruck *traducere* kommt ohne Beziehung auf die Arrogation des Clodius nur bei Gelegenheit des Antrags des Tribunen C. Herennius de P. Clodio ad plebem *traducendo* vor (Cic. ad Att. 1, 18, 4. 1, 19, 5). Dass dieser Antrag aber Nichts mit der *detestatio sacrorum* des Clodius zu thun hat, worauf ihn M. bezieht, wird sich unten S. 21 f. zeigen.

2) Cic. ad Att. 2, 7, 2. Suet. Caes. 20, Vell. 2, 45. Ebenso μετέστησεν bei Dio Cass. 39, 11. Die entsprechenden causativen Ausdrücke *traducere ad plebem*, *traductor*, *μεταστήσας* kommen mit Bezug auf die Arrogation des Clodius vor: Cic. de prov. cons. 17, 42. ad Att. 2, 9, 1. Suet. Caes. 20. Dio Cass. 38, 12. Plut. Cat. min. 33.

3) Serv. ad Aen 2, 156 (den Wortlaut s. oben S. 5, Anm. 3 und S. 7, Anm. 1); vgl. auch Cod. Inst. 8, 48, 10 *transire ad aliam familiam*.

familium; ein Ausdruck, den ich zwar nur bei Clodius nachweisen kann, [1] der aber selbstverständlich für alle von Plebejern adoptirte Patricier angemessen ist. Wie will man nun leugnen, dass *transire ad plebem* ein dem römischen Sprachgebrauche entsprechender, passender Ausdruck sei für diejenige Art des *transire in plebeiam familiam,* welche nicht zum Zweck des Verbleibens in der *plebeia familia,* sondern zum Zweck des Uebertritts zum Stande der *plebs* geschah? Den rechtskundigen römischen Grammatikern wenigstens muss die Bezeichnung *transire ad plebem* für den durch Adoption, durch das *transire in plebeiam familiam,* vermittelten Uebertritt zur Plebs durchaus passend erschienen sein, da z. B. der Scholiasta Bobiensis, der bekanntlich sehr gute Quellen gehabt hat,[2] kein Bedenken trägt, den von Cicero in der Rede in Clodium et Curionem im J. 61 gebrauchten Ausdruck *transire in plebem* einfach durch *transire in plebeiam familiam* zu erläutern.[3]

Zu der Erörterung der historischen Ueberlieferung von dem Uebertritte des P. Clodius selbst übergehend behauptet M., der Bericht des Dio stehe mit meiner Annahme, dass die *transitio ad plebem* in der Combination der Arrogation und Emancipation bestanden habe „in entschiedenem Widerspruche". Diess würde der Fall sein, wenn Dio wirklich als vollgültiger Gewährsmann dafür angeführt werden könnte, dass Clodius schon im J. 60 durch seine Abschwörung des Patriciats rechtlich Plebejer geworden sei. Nun habe ich mit Bezugnahme auf die Ausdrücke πρόφασις (37, 51) und αὖθις (38, 12) im mündlichen Vortrage (S. 663; vgl. oben S. 7 f.) M. allerdings zugestanden, dass Dio behaupte, Clodius sei im J. 60 rechtlich Plebejer

1) Der Stelle des Ascon. p. 25 Or. (oben S. 5, Anm. 3; vgl. S. 1, Anm. 4), deren Bedeutung für die Beurtheilung des Sprachgebrauches M. verkannt zu haben scheint, da er sie mit den seiner Meinung nach einen freieren Gebrauch des Ausdrucke *transire in plebem* bezeugenden Stellen verbindet, kann ich ausser zwei Stellen des Schol. Bob. (s. d. folg. Anm.), noch eine Stelle aus Plutarch hinzufügen, der im Cato min. 40 Catos Meinung über die Gültigkeit des Tribunats des Clodius mit den Worten referirt παρανόμως μὲν οὖ δημαρχον αἰρεθῆναι τὸν Κλώδιον, ἐν πατρικίων μεταστάντα γόνον διδόντος εἰς δημοτικὸν οἶκον.

2) Vgl. meine Abh. de legibus Aelia et Fufia. Giessen 1861, S. 4 und den in dieser ganzen Abh. liegenden Beweis, dass die Notiz des Schol. Bob. über die lex Aelia und Fufia richtig ist. Beiläufig bemerke ich, dass M. von dieser Abh. in den Röm. Forsch. weder S. 165 noch S. 196 ff. Notiz hat nehmen wollen: was zu der ersten Stelle um so auffallender ist, als die dort geäusserte Vermuthung über die Entstehung eines Irrthums des Zonaras bereits von mir in jener Abh. S. 30, Anm. 148 aufgestellt worden war; womit ich Uebrigens nicht sagen will, dass M. nicht so gut wie ich selbstständig auf jene Vermuthung gekommen sein könne.

3) Cicero hatte in dieser bald nach dem 15. Mai 61 gehaltenen Rede, also zu einer Zeit, die mindestens ein Jahr früher fällt als der Versuch des Clodius durch formlose *detestatio sacrorum* zur Plebs überzutreten, gesagt (Schol. Bob. p. 833 Or.): quam se ad plebem transire velle diceret, sed misere factum transire cuperet. Der Schol. schreibt dazu: Quoniam patricii non licebat tribunatum pl. accipere, idcirco se Clodius demonstraverat in plebeiam familiam transiturum, ut adeptus hanc potestatem de sua iniuria vindicaretur. Ebenso erzählt er im Argumentum p. 330 Or.: Inde igitur (nach dem Processo de incestu) explicatis inimicis in M. Tullium corpit efferri et, quam illo anno potestate quaestoria fungeretur, apud populum creberrimis cum contionibus lacessebat: minus quia immo praetendens, ad familiam se plebeiam transiturum, ut tribunus pl. fieret, demonstrabat. Beiläufig bemerkt, will ich aus diesen Stellen nicht den Meldung ziehen, dass Clodius selbst im J. 61 noch keinen andern Weg des Uebertritts zur Plebs gekannt habe, als den des Uebertritts in eine plebejische Familie — denn M. könnte mir entgegnen, dass der Wortlaut der betreffenden Aeusserung des Clodius nicht authentisch verbürgt sei —; allein das ist wohl klar, dass dem Gewährsmanne des Schol. Bob. die von M. vermuthete „einfache Uebertrittserklärung" völlig unbekannt war, da es ihm sonst ohne Zweifel eben so nahe gelegen hätte an diese, als an die mittelbare Weise des Uebertritts durch Adoption zu denken.

3 *

geworden. Allein ich habe diess nur gethan, um nicht Zeit zu verlieren mit dem jetzt oben
S. 8. Anm. 3 gegebenen Nachweise, dass Dio sich bezüglich der rechtlichen Bedeutung des
von Clodius im J. 60 gethanen Schritts widersprechend äussert. Ich konnte jenes Zugeständniss machen, weil, selbst wenn Dio die fragliche Behauptung ohne sich selbst zu widersprechen aufgestellt hätte, dennoch der Beweis geführt werden konnte, dass er mit dieser Behauptung im Unrecht sei. Je klarer nun nach dem S. 8. Anm. 3 gegebenen Nachweise die
Widersprüche des Dio Jedem sein müssen, der die betreffenden Stellen mit Aufmerksamkeit
und ohne vorgefasste Meinung liest, um so mehr kann ich es nur als einen Beweis von
grosser Abneigung an die Möglichkeit eines eigenen Irrthums zu glauben ansehen, wenn M.
bei wiederholter Prüfung der Stelle 37, 51 nicht einmal das bemerkt hat, dass Dio mit den
Worten: ἐν γὰρ τῇ ἐσφορᾷ τοῦ φρατριατικοῦ νόμου μόνος ἐξῆν τοῦτο γίγνεσθαι nicht
die Ansicht des Metellus referirt — denn wir übrigens, wohl bemerkt, auch keinen Grund
haben eine andere Ansicht unterzuschieben[1] —, sondern seine eigene Ansicht ausspricht. Wie M. es im Rhein. Mus. Bd. 16, S. 358 und in beiden Auflagen der Röm.
Forsch. S. 126 gethan, so interpretirt er noch jetzt im Nachtrage (S. 401) die Worte des
Dio so, als ob oratio obliqua, nicht recta vorläge, als ob ἐξεῖναι, nicht ἐξῆν dastände:
kurz so, als ob Dio den Grund des Metellus nicht auch seinerseits für einen wirklichen Grund hielte.
Ja M. lässt sich unter dem Banne dieses Irrthums sogar zu der die Auctorität des Dio in
dieser Frage doch auch beeinträchtigenden Vermuthung fortreissen (S. 405), Dio sei „durch
die ihm eigene falsche Pragmatik in einen kleinen Irrthum verfallen". „Er fand", so meint M.,
„die Erzählung vor von der im J. 694 versuchten Transition, von deren Anfechtung durch Metellus, endlich von dem im Wege der Arrogation das Jahr darauf vollzogenen Uebertritt:
nichts lag näher als dem Metellus die Behauptung in den Mund zu legen,
dass die Transition nicht genüge und die Arrogation erforderlich sei". Da nun
aber, vorläufig abgesehen von dieser Vermuthung M's, auf deren Berechtigung ich übrigens weiter unten noch zurückkommen werde,[2] Dio sich widersprechend äussert bezüglich der rechtlichen Bedeutung der im J. 60 versuchten Transition; da er in Einem Athem

---

1) Wie Metellus den Mangel der *lex curiata de arrogatione* gegenüber dem Clodius benutzte, gerade
so that es Antonius gegenüber dem C. Julius Caesar Octarianus, so lange derselbe sich nur auf die nicht
vollgültige testamentarische Adoption berufen konnte. Dio Cass. 45, 5; vgl. 46, 47 und App. b. c. 3, 94.

2) Wollte man übrigens dem Dio einen kleinen Irrthum vorwerfen, so wäre es viel wahrscheinlicher, dass
er ein Erbieten des Clodius zur Abschwörung des Patriciats (d. h. zur legalen *detestatio sacrorum comitiis
calatis* mit nachfolgender lex curiata de arrogatione u. s. w.), oder eine eidliche Versicherung des Clodius, dass er, wenn man seine Candidatur um das Tribunat zulassen wollte, zur Zeit des Antritts
des Tribunats aufgehört haben werde rechtlich Patricier zu sein, aufgefasst hätte als ein Abschwören des Patriciats. Denn die Römer waren bekanntlich sehr leicht bei der Hand mit dem Erbieten zu Eidschwüren
(z. B. Liv. 8, 32, 2) oder mit eidlichen Versicherungen (Liv. 88, 57. Gell. 7, 19. Cic. de prov. cons. 8, 18.
Liv. 41, 15. 42, 32), und so könnte wohl Clodius geglaubt haben seine Candidatur auf diese Weise in Gang
zu bringen. Dennoch und obwohl der Ausdruck ἐσφέρεσθαι nur in Dio's Bericht von Clodius Uebertritt (37,
51) und ausserdem nur einmal bei dem von Dio abhängigen Zon. 7, 15 vorkommt (Dio S. 6, Anm. 3), habe
ich zu diesem Mittel, die Auctorität des Dio in Frage zu stellen, nicht gegriffen, weil ich es für einen glück-
lichen Gedanken von M. halte, dieses ἐσφέρεσθαι mit der *detestatio sacrorum* in Beziehung zu setzen, und
weil diese auch sehr wohl geschehen kann, ja bei unbefangener Combination der Zeugnisse über die *detestatio* einerseits, die *transitio ad plebem* vermittelst der *arrogatio* andererseits geschehen muss (oben S. 6 u. 7,
Anm. 1), ohne dass man sich den überreizten Folgerungen M's anzuschliessen braucht.

die Einwendung des Metellus als einen Vorwand bezeichnet und dann doch die Berechtigung der Anfechtung durch seine eigene Behauptung μόνως ἐξῆν anerkennt; da er in Einem Athem sagt (39, 12) Caesar habe den Clodius wiederum, zum zweiten Male, zum Plebejer gemacht und dann doch hinzufügt, er habe diess gethan, damit Clodius in gesetzlicher Weise aus dem Stande der Patricier austräte:[1] so ist doch offenbar zweierlei klar. Erstens, dass Dios Bericht durch zwei seiner Aeusserungen mit M's Ansicht genau so in Widerspruch steht, wie durch zwei andere mit der meinigen; zweitens aber, dass es methodisch unrichtig ist, einen so widerspruchsvollen Bericht eines Schriftstellers aus dem dritten Jahrhunderte statt der sich nicht widersprechenden Berichte des Zeitgenossen Cicero zum Fundamente einer Hypothese zu machen, zumal wenn auf diese, wie es nach S. 109 scheint, weitere Untersuchungen über das Wesen des römischen Geschlechts und über die Stellung des Geschlechtsrechts zur Plebs gestützt werden sollen.[2]

Das Missverständniss der Worte μόνως ἐξῆν bei Dio ist, wie es scheint, das πρῶτον ψεῦδος in M's früherer und jetziger Erörterung über die historische Ueberlieferung bezüglich der *transitio ad plebem*. Wie aber ein πρῶτον ψεῦδος selbst bei einem Manne von M's Scharfsinn andere ψεύδη im Gefolge hat, davon ist M's weitere Polemik gegen mich ein ebenso schlagendes wie warnendes Beispiel. Mommsen behauptet nämlich jetzt, was er früher wenigstens nicht ausdrücklich behauptet hatte (S. 101): „Mit dieser Erzählung (nämlich der einseitig und somit irrthümlich aufgefassten Erzählung Dios) stimmen die übrigen Berichte, namentlich die Ciceros, vollständig überein." Zum Beweise dessen führt M. die von mir im mündlichen Vortrage aus Zeitmangel nicht erörterten, jetzt aber oben S. 9, Anm. 4 behandelten Stellen des Cic. ad Att. 1, 18, 4. 1, 19, 5 an, welche im Januar und März des J. 60 geschrieben sind, und in denen die Rede ist von einer Rogation des Tribunen C. Herennius *de P. Clodio ad plebem traducendo*. Er findet nämlich Ciceros Bericht über die Vorgänge aus dem J. 60 „vollständig mit Dio übereinstimmend", weil „auch Cicero angiebt, dass der Consul Metellus diese Pläne seines Feindes hinderte" und weil „mit keinem Worte hier die Rede ist von einem Adoptionsact und erst in den Berichten aus dem folgenden Jahre die Arrogation und das Curiatgesetz erscheint". — Nun aber unterscheidet sich Ciceros Bericht von dem Dios erstens dadurch, dass Cicero von einer Rogation des Tribunen *de P. Clodio ad plebem traducendo* spricht, Dio dagegen eine solche nicht erwähnt, wohl aber eine in der Zeit unmittelbar vor der Abschwörung des Patriciats, vermuthlich also nach dem Scheitern der Rogatio Herennia beabsichtigte Rogation: *ut etiam patriciis tribunis plebis fieri liceret*.[3] Diese Differenz kann man vermuthungsweise ausgleichen, wie ich es oben S. 9, Anm. 4 ver-

---

1) Ganz so spricht sich übrigens App. b. c. 3, 90 über das Verhältniss der *lex curiata de arrogatione*, durch welche die testamentarische Adoption des Octavianus durch Caesar ratificirt wurde, zu jener testamentarischen Adoption aus. Auch er gebraucht den Ausdruck αὖθις. Da nun die testamentarische Adoption rechtlich nicht vollgültig war (vgl. auch Dio Cass. 45, 5, 46, 47), so folgt, dass αὖθις streng genommen nicht einmal beweist, Dio habe das im J. 60 Versuchte für eine vollgültige *transitio* gehalten.

2) So ist denn auch jetzt schon M's Hypothese über die *transitio* als unbestreitbare Thatsache in den Aufsatz über die patricischen und plebejischen Sonderrechte (Röm. Forsch. S. 239. 270) aufgenommen worden.

3) Dio Cass. 37, 51 καὶ τινας τῶν δημαρχούντων προκαθῆκεν ἐσηγήσασθαι τό καὶ τοῖς εὐπατρίδαις τῆς ἀρχῆς μεταδίδοσθαι. Clodius hat, wie man sieht, den Weg Plebejer zu werden nicht bloss einmal gewechselt, wie M. S. 402 meint, sondern öfter; offenbar weil ihm der einzige legale Weg, sei es durch die Abwesenheit Caesars, sei es durch die Abneigung des Collegiums der Pontifices, anfangs verschlossen war.

sucht habe; aber bei einer solchen Differenz, bei welcher wenigstens das vollkommen klar ist, dass die Abschwörung des Patriciats mit den im Januar und März erwähnten Bemühungen des C. Herennius, seinen Antrag *de P. Clodio ad plebem traducendo* durchzubringen, nicht verwechselt werden darf, kann von einer „vollständigen Uebereinstimmung" gewiss nicht, geschweige denn von einer für M's Ansicht beweisenden Uebereinstimmung, die Rede sein. — Zweitens giebt Cicero nicht allein nicht an, dass Metellus diese, d. h. die von C. Herennius unterstützten, Pläne seines Feindes hinderte, sondern er bezeugt vielmehr geradezu, dass er den Antrag des C. Herennius, wenn auch nur *dicis causa* unterstützte; er beklagt es, dass *Metellus auctoritatem suam imminuit, quod habet dicis causa promulgatum illud idem de Clodio* (ad Att. 1. 18. 5). Wenn aber Cicero (1. 19. 5) sagt, dass dem C. Herennius *frequenter interceditur*, so ist dabei selbstverständlich nicht an eine Intercession des Consuls gegen den Tribunen, sondern an die anderer Tribunen zu denken. Dagegen berichtet Cicero allerdings, dass Metellus die Bewerbung des Clodius um das Tribunat hinderte (*impedit et impedit*); aber er berichtet diese erst drei Monate später, im Juni (ad Att. 2. 1. 4), so dass es sehr willkürlich ist, diess auf die damals wegen tribunicischer Intercession längst aufgegebene Rogatio Herennia zu beziehen. Nur insofern sich dieses *impedire* des Metellus vermuthlich auf die inzwischen erfolgte Abschwörung bezieht, kann also von einer Uebereinstimmung des Cicero mit Dio die Rede sein. Dieselbe ist also höchstens nur eine Uebereinstimmung von der Art, wie sie liegen kann in einem Nichtwidersprechen rücksichtlich eines einzelnen Punctes, jedenfalls aber keine solche, welche irgend Etwas beweisen könnte für das, wofür sie beweisend sein soll, dass nämlich Dios angebliche Behauptung, Clodius sei durch das Abschwören des Patriciats rechtlich Plebejer geworden, richtig sei. — Drittens endlich kann das Schweigen Ciceros von einem Adoptionsacto in den über die Vorgänge im J. 60 handelnden Stellen unmöglich als eine „vollständige Uebereinstimmung" mit Dio in M's Sinne angesehen werden, da, abgesehen davon, dass Dio nicht davon schweigt, aus dem Schweigen Ciceros durchaus nicht folgt, dass Cicero die angebliche Meinung Dios, Clodius sei durch die Abschwörung des Patriciats rechtlich Plebejer geworden, getheilt habe. In den Stellen ad Att. 1. 18. 4. 1. 19. 5 hatte Cicero durchaus keine Veranlassung sich über die Nothwendigkeit der Arrogation für die beabsichtigte *transitio* des Clodius auszusprechen. Clodius hatte damals noch nicht versucht durch Abschwörung des Patriciats überzutreten, Metellus war ihm noch nicht mit der Behauptung, dass das gegen den *mos majorum* sei, entgegengetreten. Die Illegalität der Rogatio Herennia verstand sich von selbst, und es genügte vollständig, zu erwähnen, dass derselben intercedirt worden sei. In der Stelle ad Att. 2. 1. 4 hätte es Cicero allerdings etwas näher gelegen bei dem Lobe, das er dem Widerstande des Metellus gegen die Bemühungen des Clodius Tribun zu werden ertheilt, auch den Grund zu erwähnen, auf welchen sich Metellus bei diesem Widerstande stützen konnte und ohne Zweifel gestützt hat. Allein die Nothwendigkeit diesen Grund zu erwähnen, lag um so weniger vor, je mehr derselbe sich nach Ciceros Ansicht von selbst verstand. Dass Cicero die von Clodius im J. 60 durch einfache Abschwörung versuchte *transitio* für wirkungslos hielt, folgt nicht etwa bloss aus dem Silentium Cicero's de dom. 13. 14 (oben S. 6), sondern auch daraus, dass Cicero den Clodius mit Bezug auf seine Bewerbung ums Tribunat im J. 60 ausdrücklich *patricius* nennt (de har. resp. 21. 44; vgl. oben S. 9. Anm. 2).

Nachdem M. auf diese Weise bewiesen hat, dass Ciceros Bericht mit Dio vollständig übereinstimme — ein Beweisverfahren, für welches mir aus M's Sprachschatze mehrere epitheta ornantia zu Gebote stehen würden, wenn ich Repressalien anwenden wollte —, beliebt es ihm, meine Argumentation, dass der Auctorität des in M's Sinne verstandenen Dio entgegenstehe die Auctorität des Metellus, des Caesar und des Senats (oben S. 8 f.), eine „allzu bescheidene" zu nennen. Sie war es in der That, da ich den Dio „nur insofern getadelt hatte, als er die Einwendungen des Metellus als Vorwände und nicht als wohlbegründet bezeichnet", statt die Widersprüche in Dios Bericht aufzudecken; sie war es in der That, füge ich hinzu, da ich M. zugestanden hatte sich auf Dios Bericht zu stützen, statt ihm nachzuweisen, dass er jene Widersprüche aus Missverständniss der Worte des Dio übersehen habe. Allein M. versteht das „allzu bescheiden" in einem andern Sinne: er meint, meine Argumentation sei „allzu bescheiden", weil sie sich gegen Dio und nicht gegen Clodius selbst richte. „Nicht zwischen Dio und dem gleichzeitigen Consul liegt die Entscheidung, sondern zwischen Clodius und Metellus; den Act, den Clodius vornimmt, bezeichnet sein politischer Gegner als nichtig, und es fragt sich, wer hier Recht hat" (S. 403). Und weiter: „Aber eines ist nach meiner Meinung völlig klar: wenn Clodius vor der versammelten Menge erschien, um förmlich (ob förmlich, das fragt sich!) den Adel abzuschwören, und in Folge dessen als Plebejer sich um das Volkstribunat bewarb, so mag dieser Act im concreten Falle nichtig, aber er muss im Allgemeinen rechtlich möglich gewesen sein. Hat also Metellus wirklich behauptet, dass der Adel überhaupt auf diesem Wege nicht abgelegt werden könne, so ist es weit wahrscheinlicher, dass er einer vermuthlich nicht gesetzlich festgestellten, aber durch Gewohnheit aufgekommenen Ordnung ihre rechtliche Begründung bestritten, als dass Clodius eine bis dahin unerhörte durch keine Präcedentien gerechtfertigte Austrittsform zum ersten Male angewendet hat" (S. 404). Diese Appellation von Dio an Clodius hatte ich allerdings nicht erwartet, allein ich acceptire sie mit Vergnügen und frage ganz bescheiden: Ist denn Clodius etwa eine Persönlichkeit von so ausgeprägtem Rechtssinn und so unantastbarer Rechtlichkeit, dass er niemals etwas gesetzlich Unzulässiges zu thun versucht hat? Es versteht sich bei der Notorietät von M's Urtheile über Cicero, dass ich M. gegenüber mich nicht auf die rhetorischen Sündenregister berufen darf, welche Cicero pro Mil. 27 und sonst dem Clodius aufrechnet;[1] aber es wird mir hoffentlich verstattet sein, von dem durch die Parteibrille sehenden Cicero an Mommsen selbst zu appelliren. Dieser sagt (Röm. Gesch. 3, 293): „Man könnte ebensogut ein Charivari auf Noten setzen, als die Geschichte dieses politischen Hexensabbaths schreiben wollen; es liegt auch nichts daran all die Mordthaten, Häuserbelagerungen, Brandstiftungen und sonstigen Räuberscenen inmitten einer Weltstadt aufzuzählen und nachzurechnen, wie oft die Scala vom Zischen und Schreien zum Auspeien und Niedertreten und von da zum Steinewerfen und Schwertzücken durchgemacht ward. Der Protagonist auf diesem politischen Lumpentheater war jener Publius Clodius, dessen, wie schon erwähnt ward, die Machthaber sich gegen Cato und Cicero bedienten". Wie in diesen Worten sich wenigstens gerade keine Bewunderung für den Rechtssinn des Clodius ausspricht, so gesteht M. denn auch am Schlusse des mir gewidmeten Nachtrags (S. 411): „Es ist begreiflicher Weise nicht möglich vollständig zu sondern, was Clodius in diesem Falle von Rechtswegen und was er in widerrechtlicher Anmassung gethan hat". Nun, nach der

---

1) Andere werden jedoch immerhin einigen Werth legen auf Sätze wie: eum, cui nihil unquam nefas fuit nec in faciuore nec in libedine, und: eum denique, cui iam nulla lex erat, nullum civile ius, nulli possessionum termini, und auf die einzelnen Belege für diese Sätze, Uebrigens vgl. auch de har. resp. 20, 42. 27 58.

richtig gewürdigten historischen Ueberlieferung war es eben eine „widerrechtliche Anmassung" des Clodius, sich auf Grund seiner formlosen Abschwörung des Patriciats um das Tribunat bewerben zu wollen. Wenn man bei der Frage, ob durch „einfache Uebertrittserklärung" ein Patricier Plebejer werden konnte, sich auf Clodius selbst berufen will, so folgt meines Erachtens aus dem Umstande, „dass selbst ein Clodius sich der an ihn gestellten Forderung, sich durch eine Lex curiata arrogiren zu lassen, wirklich fügte, mit Sicherheit" doch nur dieses, „dass für die *transitio ad plebem* eines *homo sui juris* die Arrogation mit nachfolgender Emancipation, wenn auch eine Formalität, so doch eine gesetzlich nicht zu umgehende Formalität war", wie ich zwar nicht in meinem Vortrage, aber doch in meinen Römischen Alterthümern Bd. 1. Aufl. 2. S. 123 gesagt habe.

Uebrigens darf ich nicht verschweigen, dass M. das Missliche seiner Appellation an den Rechtssinn des Clodius selbst gefühlt hat; denn er sagt (S. 403): „Nicht Dio ist es nach Lange, der sich geirrt hat, sondern Clodius und seine rechtlichen Berather". Ich fürchte nicht, dass diese rechtlichen Berather irgend wem imponiren, irgend wem die Berufung auf den Rechtssinn des Clodius plausibler machen werden. Wenn diese rechtlichen Berather es für möglich hielten — was bei den Ansichten, welche die Demokraten damals von der Souveränität des Volkes hatten,[1] ganz begreiflich ist —, dass Clodius durch ein auf Antrag des C. Herennius zu beschliessendes Plebiscit einfach zum Plebejer erklärt würde; wenn diese rechtlichen Berather bei ihrem Rechtsbewusstsein kein Bedenken hatten, entgegen der Lex sacrata den Patriciern als solchen im legislativen Wege das Tribunat zugänglich zu machen; so werden dieselben rechtlichen Berather nach dem Scheitern dieser Versuche und bei der Unmöglichkeit, die legale *transitio ad plebem* durch *detestatio sacrorum comitiis calatis* und *arrogatio* in Curiatcomitien durchzusetzen, es wohl auch für möglich gehalten haben, dass Clodius durch eine Abschwörung des Patriciats in einer Contio — d. h. durch eine formlose Copie der auch bei der legalen Transition erforderlichen *detestatio sacrorum comitiis calatis* — das Recht sich anmasse, sich einstweilen um das Volkstribunat zu bewerben. Sie mochten hoffen, dass entweder noch vor dem Wahltermine die legale Formalität könne nachgeholt werden,[2] oder dass die Wahl des Clodius zum Tribunen, wenn sie erfolgt sein würde, als eine Anerkennung der Plebität des Clodius von Seiten des souveränen Volkes werde aufgefasst werden dürfen.[3] Dass Clodius und seine rechtlichen Berather sich verrechnet hatten, lehrt übrigens eben der Widerstand des Metellus.

Da demnach der Rechtssinn des Clodius und seiner rechtlichen Berather sehr problematisch ist, so wird denn doch wohl die rechtliche Auffassung des Metellus, die um so bemerkenswerther ist, als derselbe anfangs den Plänen des Clodius, seines Schwagers, wenigstens nicht entschieden entgegengetreten war (S. 9, Anm. 4; S. 22), der des Clodius vorzuziehen sein. Diese rechtliche Auffassung wird zudem, was ich im mündlichen Vortrage nicht angeführt habe, wohl aber S. 9, Anm. 1, durch die mit Nothwendigkeit vorauszusetzende Auffassung einiger Tribunen unterstützt. Denn der Consul hatte kein legales Mittel die Wahl des Clodius

1) Mommsen selbst (Chronol. S. 90) nennt z. B. „Maror und seinen Gleichen hochgelehrte Demokraten voll borairten Glaubens an die allmächtige tribunicische Gewalt".

2) Vgl. hiezu die S. 20, Anm. 2 gegebene Erörterung.

3) „Buchgelehrte Demokraten" konnten sich dafür auf die Fabel von Aterulus und Terpejus (S. 3, Anm. 2) als auf einen Präcedenzfall berufen.

zu hindern (*impedire*), sobald alle Tribunen in der Ansicht von der Zulässigkeit der Candidatur des Clodius einig waren. Da nun die Candidatur an dem Widerstand des Metellus gescheitert ist, so müssen wohl einige Tribunen, — ohne Zweifel dieselben, welche dem früheren Antrage des C. Herennius intercedirt hatten, — dem Widerstande des Metellus durch ihre Intercession gegen die Zulassung der Candidatur des Clodius von Seiten der diesen begünstigenden Tribunen einen legalen Ausdruck gegeben haben. Der Auctorität des Clodius, — wenn denn einmal diese der allerdings in diesem Falle hinfällig gewordenen Auctorität des Dio substituirt werden soll, — steht also nicht bloss die Auctorität des Metellus, sondern auch die einiger Tribunen entgegen.

Da übrigens M. die Auctorität dieser Tribunen von seiner vorgefassten, auf Missverständniss des Dio beruhenden Ansicht aus ebensogut bestreiten würde, wie er die des „politischen Gegners" Metellus und des „hauptsächlich aus politischen und nicht aus rechtlichen Erwägungen" urtheilenden Senats bestreitet, so will ich mich sofort der Erörterung der Frage zuwenden, welche Bedeutung Caesars Auctorität für oder gegen M's Ansicht hat. „Dass auch Caesar sie (nämlich die Ansicht des Metellus) billigte, steht dagegen keineswegs fest. Denn warum soll er sich nicht anders zu dem Curiatgesetz entschlossen haben, als wenn dasselbe „...unumgänglich nöthig'"' war? Es gab zwei Uebertrittsformen, eine unmittelbare und eine mittelbare (das fragt sich eben!); wenn Clodius auf dem ersten Wege auf Schwierigkeiten irgend welcher Art stiess, wie kann es befremden, dass Caesar ihn den zweiten gehen hiess. den er als Oberpontifex unbedingt in der Hand hatte?"' (S. 403 f.). Dies kann nicht bloss, sondern es muss in höchstem Grade befremden, gerade wenn man von M's Ansicht ausgeht, dass es eine unmittelbare Uebertrittsform durch *detestatio sacrorum comitiis calatis* gegeben habe. Denn dann sind zwei Fälle möglich. Entweder war die Transitio des Clodius im J. 60 gültig, oder sie war nichtig. War sie gültig und nur mit Vorwänden angefochten durch den Consul, einige Tribunen und den Senat, so konnte und musste Caesar als Oberpontifex sagen, dass weder der Consul noch die Tribunen noch der Senat zum definitiven Urtheil über die Gültigkeit eines sacralrechtlichen Actes berufen seien; er konnte und musste, schon um das Ansehen des Pontificats zu wahren, ein *decretum collegii pontificum* erwirken, welches etwa besagte: *P. Clodium jure ad plebem transiisse videri*. Dies hatte er ohne Zweifel — die Gültigkeit des im J. 60 vorgenommenen Actes vorausgesetzt — mindestens ebenso unbedingt in der Hand, wie die Arrogation. War die Transitio des Clodius vom J. 60 aber nichtig und aus Gründen als nichtig betrachtet worden, so konnte und musste Caesar als Oberpontifex die mangelhafte Abschwörung des Patriciats durch eine formell richtige *detestatio sacrorum comitiis calatis* wiederholen,[1]) was er gleichfalls mindestens eben so unbedingt in der Hand hatte, wie die Arrogation.

Mommsen behauptet freilich die Möglichkeit des Gegentheils, dass nämlich der Ober-

---

1) Es würde dieser vergleichbar sein der *iteratio*, wodurch z. B. ein formlos Manumittirter die volle Wirkung der förmlichen Freilassung erhielt (Ulp. fragm. 3, 1. 4). So war es z. B. in der That eine *iteratio*, wenn Octavianus seine testamentarische Adoption durch Caesar ratificiren liess durch eine *lex curiata de arrogatione*. S. App. b. c. 3, 94, vgl. Dio 45, 5. 46, 47. Hier jedoch könnte man nur in dem Falle eine *iteratio* annehmen, wenn man mit Drumann und Brückner (B. 10, Anm.) annehmen wollte, Clodius sei im J. 60 in einem *comitium plebis* durch einen Plebejer, und zwar durch P. Fonteius, in unförmlicher Weise adoptirt worden. Dazu ist aber in der Ueberlieferung kein Grund vorhanden, und wenn es der Fall wäre, so würde auch damit M's Annahme eines Uebertritts durch *detestatio sacrorum* in Widerspruch stehen.

4

pontifex die *detestatio* nicht so unbedingt in der Hand gehabt habe wie die *arrogatio*. Er sagt nämlich S. 402, Anm. 7: „Allerdings erfolgte auch die Transition, wenn, wie ich dies wahrscheinlich gemacht habe, sie zusammenfällt mit der *detestatio sacrorum calatis comitiis*, in einer durch den Pontifex berufenen Versammlung. Aber bei dem Wenigen, was wir über diesen Act wissen, ist es leicht möglich, dass derselbe keineswegs allein abhing von dem Pontifex maximus, was dagegen von der Arrogation gewiss ist". Indessen auch diese Behauptungen kann ich nur als ein Beispiel dafür ansehen, dass aus einem Irrthum immer neue Irrthümer entstehen. Es ist nämlich erstens nicht bloss „leicht möglich", dass die *detestatio sacrorum comitiis calatis* nicht vom Oberpontifex allein, sondern von dem Collegium abhing, sondern vielmehr völlig gewiss, da eben alle *comitia calata* stattfanden *pro collegio pontificum* (Gell. 15, 27).[1] Und andererseits ist es zweitens nicht allein nicht „gewiss", dass die Arrogation allein von dem Pontifex maximus abhing,[2] sondern es ist vielmehr das Gegentheil gewiss. Gell. 5, 19 sagt: adrogationes non temere nec inexplorate committuntur: nam comitia, *arbitris pontificibus*, praebentur, quae curiata appellantur u. s. w. Nach Tac. hist. 1, 15 sagte Galba zu Piso: Si te privatus lege curiata apud pontifices, ut moris est, adoptarem. Und Cicero sagt de dom. 13, 34: quae deinde causa cuique sit adoptionis, quae ratio generum ac dignitatis, quae sacrorum, quaeri *a pontificum collegio* solet. 13, 35: quae omnis notio *pontificum*, cum adoptarere, esse debuit. 14, 38: dixi apud pontifices istam adoptionem *nullo decreto huius collegii probatam* pro nihilo esse habendam.[3] Eine Instanz gegen die Beweiskraft dieser Stellen giebt es nicht; es müsste denn sein, dass M., der noch in den Röm. Forsch. S. 76 der bisher allgemein angenommenen Ansicht folgt,[4] jetzt aus dem Umstande, dass Caesar als Oberpontifex das Collegium bezüglich der Arrogation des Clodius thatsächlich nicht zugezogen hatte, — was Cicero eben als illegal bezeichnet (oben S. 14. Anm. 3), und mit Recht so bezeichnet, da Gellius und Tacitus die Nothwendigkeit einer pontificischen Cognition gleichfalls bezeugen,[5] — den mehr als kühnen Schluss ziehen wollte, Caesar habe dazu vollständiges Recht gehabt.[6]

---

1) Becker, Röm. Alt. Bd. 2, 1, S. 365. „Zunächst ist darüber kein Zweifel, dass sie (die com. cal.) *pro collegio pontificum* gehalten wurden, d. h. dass die Pontifices kraft ihrer Würde und ihres Amts die Versammlung beriefen und als Vorsitzende abhielten".

2) Mommsen behauptet dies auch S. 407: „Diesem Missbrauch war bei der Adoption besonders schwer zu steuern, weil deren Gestattung oder Versagung im Allgemeinen von dem Ermessen der Pontifices oder vielmehr des Oberpontifex abhing".

3) Becker, Röm. Alterth. 2, 1, S. 392. „Zweitens erforderte jede Arrogation, dass die Curien unter Hinzuziehung der Pontifices zusammentraten und ihre Einwilligung erklärten". Vgl. meine Röm. Alt. Bd. 1, Aufl. 2. S. 117.

4) Mommsen sagt daselbst: „Bekanntlich ging der Arrogation eine Untersuchung durch die Pontifices voraus und hing es von deren Gutfinden ab, dieselbe zu gestatten oder zu untersagen". Ja er ehrt dabei wörtlich die im Texte angeführte Stelle Cic. de dom. 13, 34.

5) Caesar beging die Illegalität, betrieb die ganze Sache überhaupt heimlich (S. 15, Anm. 1), weil er sowohl den Widerspruch des Collegiums, als auch die Intercession der Tribunen fürchten musste. Jener wäre möglich gewesen trotz der Zulässigkeit der Scheinadoptionen im Allgemeinen (s. unten S. 32); dass aber auch die Intercession möglich war gegen eine *lex curiata de arrogatione* beweist Dio 45, 5.

6) Ob Caesar übrigens, beiläufig bemerkt, die Comitia curiata als Consul, wie Marquardt, Röm. Alt. 2, 3, S. 192, mit Berufung auf Cic. ad Att. 2, 12, 2 meint, oder als Pontifex maximus, wie Mommsen, Röm. Forsch. S. 273, behauptet, berufen habe, ist aus Cic. ad Att. 2, 12, 2 allerdings nicht zu entscheiden, da Caesar, der eben beides war, dort nur genannt, nicht als Consul oder Pontifex ausdrücklich bezeichnet wird. Für Mar-

Hiernach ist also das oben unter Voraussetzung der Richtigkeit von M's Ansicht gestellte Dilemma unbedingt zwingend. Wenn nun Caesar weder das Eine noch das Andere von dem, was er unbedingt in der Hand hatte, that, sondern sich entschloss zur Arrogation zu schreiten, so muss er doch wohl die von M. vermuthete einfache Uebertrittserklärung nicht gekannt, so muss er doch wohl die durch Arrogation vermittelte Transitio für „unumgänglich nöthig" gehalten haben, zumal da er bei der *detestatio sacrorum comitiis calatis* sicher nicht nöthig gehabt hätte, diejenigen Ungehörigkeiten zu begehen und zuzulassen, wegen deren M. selbst (freilich erst in seiner Polemik gegen die juristische Seite meiner Vermuthung) die Arrogation des Clodius als einen Vorgang bezeichnet, „der durchaus auftritt als ein dem Wesen der Adoption widerstreitender Willküract" (S. 406). Caesars Auctorität ist nun aber gewiss um so höher anzuschlagen, als er nicht ein politischer Gegner des Clodius war, sondern dessen Uebertritt wünschte. — Neben Caesars Auctorität lässt sich übrigens auch noch die Cato's geltend machen, der wie bekannt im Gegensatze zu Cicero Grund hatte das Tribunat des Clodius als gültig anerkannt zu sehen.[1]) Auch er dachte nicht daran dem die Gültigkeit der Arrogation bestreitenden Cicero gegenüber sich auf die Transitio des Clodius vom J. 60 zu beziehen, sondern er behauptete παρανόμως μὲν οὐ δήμαρχον αἱρεθῆναι τὸν Κλώδιον ἐκ πατρικίων μεταστάντα νόμου διδόντος εἰς δημοτικὸν οἶκον (Plut. Cat. min. 40); er behauptete also im Gegensatze zu Cicero und trotz der vorgefallenen Formfehler lediglich die Legalität des durch Arrogation vermittelten Uebertritts.[2]) — So wird es denn wohl auch anerkannt werden müssen, dass der Senat, welcher bekanntlich später dem Cato und nicht dem Cicero beistimmte, auch im J. 60 nicht bloss aus politischen, sondern auch aus rechtlichen Erwägungen urtheilte.

Um aber nochmals auf das oblige Dilemma zurückzukommen, so neigt sich M. jetzt der der Wahrheit wenigstens näher kommenden Ansicht zu, dass die Transitio vom J. 60 formell mangelhaft, „im concreten Falle nichtig", gewesen sei. Statt aber einfach m i r zuzustimmen, der ich nach Zeitschr. f. d. oesterr. Gymn. S. 863 ausdrücklich gesagt habe: „Zunächst sagt Dio nicht, dass Clodius diese eidliche Erklärung in comitiis calatis abgegeben habe, sondern vielmehr nur, sie habe stattgefunden in einem σύλλογος τοῦ πλήθους, welcher entweder sein kann ein concilium plebis oder eine von einem Volkstribunen geleitete contio" (vgl. oben S. 6); statt einfach offen einzugestehen, dass Dio selbst gar nicht an comitia calata gedacht hat (vgl. oben S. 6, Anm. 1): statt dessen giebt M., hartnäckig den Glauben an die Identität der *transitio ad plebem* mit der *detestatio sacrorum comitiis calatis* festhaltend, meine auf

quardia Ansicht spricht aber nicht bloss die Analogie der Curiatcomitien überhaupt, sondern auch Cic. Sest. 7, 16: Hanc belaam solvit subito lege curiata *consul*. de har. resp. 21, 44: id la *consul* efficeret, qui n. s. w. — Ferner spricht dafür der Umstand, dass auch Octavianus die *lex curiata de arrogatione* für sich selbst im J. 43 als Consul rogierte (App. b. c. 3, 94), und dass Antonius schon im J. 44 als Consul jenes Gesetz hatte rogieren wollen (Dio Cass. 45, 5). Keiner von beiden war bekanntlich Pontifex maximus.

1) Dio Cass. 39, 22. Plut. Cic. 34; vgl. Cic. de prov. cons. 19, 45. de dom. 16, 42.

2) Dass Cato diess Recht hatte, wie denn ja Cicero selbst sich diesem Standpuncte accommodirte (S. 15, Anm.) und die Acte des Clodius überhaupt anerkannt blieben, — abgesehen davon, dass einzelne aus besonderen Gründen nicht anerkannt worden, — darüber freue ich mich im Voraus auf die in staatsrechtlicher Beziehung lehrreiche Auseinandersetzung hinweisen zu können, welche mein Freund Iherlug in dem demnächst erscheinenden dritten Bande des Geistes des römischen Rechts S. 214—228 an eine Erörterung der Polemik Ciceros gegen die Arrogation des Clodius geknüpft hat.

stricter Interpretation den Dio beruhende Behauptung in der Form einer eigenen Vermuthung wieder; statt dessen imputirt er dem Dio einen „durch die ihm eigene falsche Pragmatik" erklärlichen „kleinen Irrthum", nämlich den Grund der Anfechtung der Transitlo durch Metellus missverstanden zu haben (vgl. oben S. 20). Denn er sagt (S. 404): „Wahrscheinlich hat aber Metellus bei seiner Anfechtung sich vielmehr gar nicht auf die Nichtigkeit der Transition überhaupt, sondern auf irgend ein besonderes Rechtshinderniss berufen, etwa auf die gegen diesen Uebertritt eingelegte Intercession, wie dies nach Ciceros Brief nicht unwahrscheinlich ist, oder darauf, dass die Erklärung nicht in einer von dem Oberpontifex berufenen Versammlung, also nicht in *comitiis calatis* abgelegt war. Ist die letztere Annahme richtig, so ist allerdings Dio hier durch die ihm eigene falsche Pragmatik in einen kleinen Irrthum verfallen". Er sagt ferner in der hierzu gehörigen Anm. 8 auf S. 405: „Bei Clodius erstem Austritt war der Oberpontifex von Rom abwesend und es ist zweifelhaft, ob in seiner Abwesenheit ein anderes Mitglied des Collegiums ihn hat vertreten können. Sollte Clodius, da Calatcomitien nicht stattfinden konnten, seine Erklärung in einer von einem Volkstribunen berufenen Contio abgegeben haben? Man könnte darauf füglich beziehen, dass als derjenige, der den Clodius zur Plebs überführt, im J. 695 Caesar, im J. 694 aber der Volkstribun Herennius genannt wird". Ich begnüge mich diese Art der Polemik zu constatiren, ohne sie weiter zu qualificiren. Uebrigens aber habe ich zu diesen Aufstellungen ausserdem noch zweierlei zu bemerken. Erstens ist es nach Ciceros Brief (ad Att. 1. 19, 5) vielmehr durchaus unwahrscheinlich, dass Metellus sich auf die gegen diesen Uebertritt eingelegte Intercession bezogen habe; denn die Intercession, von der Cicero spricht, galt der im März noch schwebenden Rogatio Herennia de P. *Clodio ad plebem traducendo* (vgl. S. 22), nicht dem vermuthlich nicht vor Ende Mai stattgefundenen Versuche des Clodius das Patriciat abzuschwören, gegen welchen, mochte er formell nichtig sein oder nicht, von einer Intercession überhaupt nicht die Rede sein kann, da die Intercession bekanntlich nie den Acten der Privaten, sondern stets den Acten der Magistrate gilt. Zweitens ist es vielmehr unmöglich, die Ansicht, dass die Abschwörung gar nicht in comitiis calatis stattgefunden habe, — welche aus Dios unbefangen verstandenen Worten sich von selbst ergiebt, — zu begründen mit dem Hinweis auf die Rogatio Herennia, da diese eben nicht verwechselt werden darf mit dem Abhalten der Contio, in welcher Clodius das Patriciat abzuschwören versuchte (vgl. S. 22).

Doch ich will mir das Zugeständniss M's, dass Clodius nicht „vor den versammelten patricisch-plebejischen Curien" (Röm. Forsch. S. 126), nicht „vor der durch den Pontifex maximus versammelten Menge" (S. 400), d. i. den Calatcomitien, sondern in einer tribunicischen Contio das Patriciat abgeschworen habe, auch in der Form gefallen lassen, in welcher es zu machen M. beliebt hat. Trotz dieses Zugeständnisses schliesst M. nun aber S. 405 seine Erörterung der historischen Ueberlieferung mit den Worten: „Wie dem aber auch sei, immer bleibt es vollkommen erwiesen, dass der Austritt aus dem Adel vollzogen werden konnte ohne Adoptionsact und Geschlechtswechsel durch die blosse förmliche und eidliche Erklärung vor versammelter Menge, und dass Clodius im J. 694 in dieser Form seinen Austritt zu bewerkstelligen versuchte". Ganz abgesehen von den Missverständnissen und Verwechslungen, von den Scheingründen und unbewiesenen Behauptungen, welche der Ansicht M's zur Stütze dienen müssen, kann doch schon allein wegen des obigen Zugeständnisses die Ansicht M's nicht als „vollkommen erwiesen" gelten. Sie könnte es nur dann, wenn folgender Schluss den Gesetzen

der Logik entspräche: Weil Clodius im J. 60 in einer von einem Tribunen geleiteten Contio sein Patriciat abschwor und dadurch so wenig Plebejer wurde, dass er nicht bloss
mit seiner Bewerbung ums Tribunat für das Mal scheiterte, sondern auch für eine erneute
Bewerbung ums Tribunat im J. 59 als Patricier sich durch eine *lex curiata de arrogatione* in *comitiis curiatis* zum Plebejer machen liess: so — ist die *detestatio
sacrorum*, welche in *comitiis calatis* stattfand, eine legale Form der *transitio ad plebem*
gewesen.

2. Die Logik des römischen Rechts.

*Adoptio tamdiu nocet, quamdiu quis in familia
aliena sit.*

„Aber in noch schlimmeren Widerspruch als mit der Ueberlieferung verwickelt sich Lange
mit dem Recht und seiner Logik. Schon allein die künstliche Verzwicktheit seiner Annahmen
richtet seine Hypothese" (S. 405). Hiergegen genügt vorläufig folgendes: die Annahme, dass
es neben der ernstlichen *arrogatio* eine *arrogatio fiduciae causa* (zum Zweck der *transitio ad
plebem*) gegeben habe, kann doch unmöglich „verzwickter" sein, als die Thatsache es ist,
dass es neben der ernstlichen *coemptio* eine *coemptio fiduciae causa* (zum Zweck der Befreiung der Frauen von verschiedenen ihnen nach altem Recht aufliegenden Unbequemlichkei-
ten) gab. Und die *arrogatio* (bezw. *adoptio*) *fiduciae causa*, so verzwickt sie sein mag nach
moderner Vorstellungsweise, kann doch unmöglich „verzwickter" sein, als die *coemptio fiduciae
causa* es in der That nach moderner Vorstellungsweise ist.

Nach jenem Anfange referirt M. über meine Ansicht folgendermassen (S. 406): „Diese
von ihm erfundene und *arrogatio fiduciae causa* benannte Scheinadoption ist nun nichts anderes, als die Arrogation des P. Clodius in abstracter Gestalt .... Jener einzelne Vorgang,
der durchaus auftritt als ein dem Wesen der Adoption widerstreitender Willküract,[1] soll die
regelrechte Anwendung eines pontificischen, nach Analogie der *coemptio fiduciae causa* von
den Priestern erfundenen Instituts sein". Dass ich den Ausdruck „erfunden" oder vielmehr „aufgebracht" (Zeitschr. f. oesterr. Gymn. S. 865) nur in dem Sinne gebraucht
habe, in welchem z. B. Cicero pro Mur. 12, 27 von einem *invenire* und *reperire* der *tutores
fiduciarii* und der *coemptio fiduciae causa* spricht, zeigt sowohl der oben S. 14 gebrauchte
Ausdruck: „Bei diesen Aehnlichkeiten dürfen wir ohne Zweifel annehmen, dass von dem Collegium der Pontifices neben den ernstlich gemeinten Arrogationen auch *arrogationes fiduciae
causa* zugelassen worden sind" u. s. w., als auch der Inhalt von Anm. 2 daselbst. Gegen die
dort gegebene Darstellung der Sache wird vom Standpuncte der Logik des römischen Rechts
um so weniger Etwas eingewendet werden können, als ich zu zeigen hoffe, dass die Scheinarrogation von dem Collegium der Pontifices nicht bloss thatsächlich zugelassen worden ist, sondern dass sie, und zwar *pontificum auctoritate*, auch rechtlich unterschieden wurde von der
ernsten Adoption. Ueberhaupt aber bemerke ich bei dieser Gelegenheit, dass ich nirgends behauptet habe, das Institut der Scheinadoptionen sei im praktischen Gebrauche ebenso verbreitet gewesen, wie das der Scheincoemptio. Im Vergleich zu der Zahl der von der Scheincoemptio
Gebrauch machenden Frauen ist die Zahl der zur Plebs übergehenden Patricier und Patriciersöhne

---

[1] Ich bitte rücksichtlich dieser Worte sich an das S. 27 Gesagte zu erinnern.

gewiss sehr gering gewesen, wenn ein solcher Uebergang auch relativ betrachtet „ziemlich häufig" vorgekommen sein mag.[1];

„Zunächst", fährt M. fort, „ist hier Einspruch zu thun gegen die leichtfertige Erfindung eines unseren Quellen vollständig unbekannten Instituts, wie diese angebliche *arrogatio fiduciae causa* sein würde". Allein erstens ist dieses Institut den nicht-juristischen Quellen durchaus nicht unbekannt; denn die von Cicero ausführlich charakterisirte Arrogation des P. Clodius durch Fontejus trägt, wie ich nachgewiesen habe (S. 11—13), alle entscheidenden Merkmale eines *fiduciae causa* vorgenommenen Rechtsacts so vollständig an sich,[2] dass ich es durchaus nicht als ein grosses Verdienst betrachte, in ihr eine *arrogatio fiduciae causa* erkannt zu haben. Ebensowenig wie ich ein Lob für dieses Erkennen beanspruche, ebenso entschieden muss ich mich aber auch gegen den Vorwurf „leichtfertiger Erfindung" verwahren. Hinzugethan habe ich zu der bei Cicero klar vorliegenden *arrogatio fiduciae causa* weiter Nichts, als die Vermuthung, dass auch die früheren mit Beibehaltung des Namens stattgefundenen *transitiones* von *homines sui juris* durch solche *arrogationes fiduciae causa*, und dass die entsprechenden *transitiones* von *filii familias* durch entsprechende *adoptiones fiduciae causa* bewerkstelligt worden seien. Diese Vermuthung aber ist, so weit es die *arrogatio fiduciae causa* betrifft, in der Berufung des Metellus auf den *mos majorum* bei dem unbefangen interpretirten Dio Cass. 37. 51. soweit es die *adoptio fiduciae causa* betrifft, in der Folgerichtigkeit, durch welche die Logik des römischen Rechts bekanntlich ausgezeichnet ist, begründet. Demnach halte ich sie so lange nicht blos für möglich, sondern für nothwendig, als nicht auf eine mit der historischen Ueberlieferung gleichfalls in Einklang stehende Weise die *transitio ad plebem* anders erklärt worden ist. — Zweitens wird zwar in den juristischen Quellen weder die *arrogatio fiduciae causa* noch die *adoptio fiduciae causa* erwähnt. Aber diess ist sehr natürlich, da die *adoptiones fiduciae causa* privatrechtlich niemals von der Wichtigkeit gewesen sein können, wie die *coemptio fiduciae causa*, die *transitio ad plebem* aber ohnehin mit dem Untergange des Freistaats jede praktische Bedeutung verlor. Dolabella, der im J. 47 zur Plebs übertrat, ist das letzte bekannte Beispiel eines zur Plebs übergetretenen Patriciers. In der Kaiserzeit, in welcher bekanntlich das Umgekehrte, Erhebung von Plebejern ins Patriciat, nicht selten war, kam allerdings wohl das vor, dass ein Mann senatorischen Standes (einerlei ob Patricier oder Plebejer) von einem gemeinen Manne (*plebeius*) adoptirt wurde. Indess diess war selbstverständlich etwas ganz Anderes, als die *transitio ad plebem* der Republik, und so ist es nicht im Mindesten auffällig, dass in Bezug auf solche Adoptionen der Grundsatz galt: Per adoptionem *dignitas* non minuitur, sed augetur; unde *senator*, etsi a *plebeio* adoptatus est, manet *senator* (Paul. in Dig. 1, 7, 35). Und wo ist denn überhaupt in den juristischen Quellen von der *transitio ad plebem* die Rede, bei

---

1) „Ziemlich häufig" habe ich in den Röm. Alt. Bd. 1, Aufl. 2. S. 351 gesagt.

2) Ich habe z. B. ein zweifelhaftes Merkmal nicht angeführt, nämlich das, dass die von Caesar gehaltenen *comitia curiata*, die nicht *in trinundinum* promulgirt, sondern ganz unvorbereitet gehalten worden (S. 14, Aum. 3) mit Hinzuziehung des Pompejus als Augurs (S. 4, Aum. 6), ohne Zweifel auch nur die bekannten Schein-Comitien der 30 Lictoren und 3 Auguru gewesen sind (Cic. de leg. agr. 2, 12. ad Att. 4, 18, 2). Zweifelhaft ist dieses Kriterium nicht sowohl deshalb, weil aus jener Thatsache nicht folgt, dass es eben so bei allen Scheinadoptionen habe sein müssen, als vielmehr deshalb, weil in den *dicis causa* gehaltenen Comitien auch solche Geschäfte vorgenommen wurden, welche man nicht als *fiduciae causa* geschlossene Geschäfte ansehen kann, wie z. B. die Rogation der *lex curiata de imperio*.

welcher allein die Nothwendigkeit für die juristischen Schriftsteller vorgelegen haben würde auf die *arrogatio* und *adoptio fiduciae causa* näher einzugehen? Sagt Gajus nicht geradezu (3, 17): *totum gentilicium jus in desuetudinem abisse*, sagt er nicht geradezu: *supervacuum est hoc quoque loco* (wie im ersten Buche an einer nicht mehr vorhandenen Stelle) *de ea re curiosius tractare?* Ich leugne nicht, dass auch abgesehen von der *transitio* und dem *jus gentilicium* die Möglichkeit vorhanden war die *arrogatio* und *adoptio fiduciae causa* um des juristischen Interesses willen zu erwähnen, das sich einst an sie geknüpft hatte, sei es bei Gelegenheit der Adoptionen, sei es bei Gelegenheit der Coemptio. Allein so erwünscht eine directe Bestätigung dieser Scheinadoptionen etwa durch eine mit *olim* eingeleitete Bemerkung des Gajus sein würde, wie mein Freund Otto Ernst Hartmann in Göttingen in einer brieflichen Mittheilung meinte, so entbehrlich ist doch eine solche Bestätigung, weil ein argumentum ex silentio der juristischen Quellen nur da etwas beweisen kann, wo die Nothwendigkeit des Redens vorlag. Eine indirecte Bestätigung der Scheinadoptionen kann man übrigens sehr wohl in der nachher zu besprechenden Stelle des Gajus 1, 106 (vgl. oben S. 13, Anm. 4) finden. — Doch welches Recht überhaupt hat denn gerade M., mir vorzurücken, dass die von mir „erfundene *arrogatio fiduciae causa*" den Quellen „vollständig unbekannt" sei? Ist etwa die von ihm erfundene Identität der *detestatio sacrorum comitiis calatis* mit der *transitio ad plebem* den Quellen bekannt? Dass sie den nicht-juristischen, in denen allein die *detestatio sacrorum* wie die *transitio ad plebem* vorkommt, vollständig unbekannt ist, habe ich durch meine Erörterung der historischen Ueberlieferung bewiesen.

Mommsen gesteht sodann zu (S. 106): „Dass die missbräuchliche Anwendung eines Rechtsinstituts selbst wieder zu individueller Gültigkeit und eigenthümlicher Entwickelung gelangt, also ein selbständiges Rechtsinstitut wird, ist möglich"; aber er schränkt dieses Zugeständniss ein durch die Worte: „aber eine seltene ohne strengen Beweis nicht anzunehmende Anomalie". Nun, der strenge Beweis für die Thatsache der Existenz der Scheinadoptionen ist durch die Widerlegung der von M. aufgestellten Möglichkeit einer andern Erklärung der *transitio ad plebem* und durch den Nachweis der Thatsache geführt, dass die Arrogation des Clodius alle entscheidenden Merkmale eines Geschäftes *fiduciae causa* an sich trägt. Mommsen freilich sagt: „In diesem Falle spricht vielmehr alles dagegen. Wie hätte man darüber streiten können, ob ein Jüngerer einen Aelteren zu adoptiren fähig sei (Gaj. 1, 106), wenn eine Art der Adoption eben diese Verkehrtheit zu ihrer rechtlichen Voraussetzung hatte? Gab es eine *arrogatio fiduciae causa*, wie Lange sie aufstellt, so muss die rechtliche Zulässigkeit dieser widernatürlichen Adoption eben so ausser Zweifel gewesen sein, wie die rechtliche Zulässigkeit der Ehe zwischen einem jungen Mädchen und einem alten Manne es wirklich war". Ich will nicht wiederholen, dass „diese Verkehrtheit" von dem Oberpontifex Caesar zugelassen, dass trotz dieser Verkehrtheit von Cato, und zwar mit Erfolg, die Gültigkeit der Arrogation des Clodius vertheidigt wurde, dass also damals für die berufensten Auctoritäten die „rechtliche Zulässigkeit dieser widernatürlichen Adoption" wirklich ausser Zweifel war: — aber, dass man trotzdem darüber, ob die Adoption eines Aelteren durch einen Jüngern zulässig sei, streiten konnte, ist unschwer zu beweisen. Die Adoption durch einen Jüngern ist allerdings charakteristisch für eine *arrogatio fiduciae causa*, aber keineswegs ist sie „eine rechtliche Voraussetzung" derselben, keineswegs ist sie nothwendig, so wenig es eine rechtliche Voraussetzung oder nothwendig ist, dass der *coemptionator* bei der *coemptio fiduciae causa* ein abgelebter

Greis hat sein müssen.[1]) Ob die Adoption durch einen Jüngeren nur von Clodius oder öfter angewendet worden ist, wissen wir nicht, obwohl das Letztere wahrscheinlicher ist, da noch Gajus 1, 106 diese Streitfrage auch bei der Adoption im engern Sinne statt hatte. Mögen wir aber das Eine oder das Andere annehmen, jedenfalls ist das klar, dass die Berechtigung zu diesem Verfahren streitig sein und bleiben konnte, eben weil dasselbe dem Geiste des pontificischen Rechts, dem Wesen der Adoption widersprach. Wie im Falle des Clodius Cicero die Berechtigung leugnete, Cato hingegen sie nicht beanstandete (S. 14. Anm. 3 und S. 27), so werden auch bei den andern gewiss nicht sehr zahlreichen Fällen einer so förmlichen Ostentation des Scheincharakters der Arrogation die Meinungen getheilt gewesen sein. Darin aber, dass noch Gajus 1, 106 diese Controverse erwähnenswerth findet und sagt: sed illud quoque, quod *quaesitum est*, an minor natu maiorem natu adoptare possit, utriusque adoptionis commune est, glaube ich eben eine indirecte Bestätigung der Adoptionen *fiduciae causa* bei diesem juristischen Schriftsteller, wie ich schon S. 31 andeutete, finden zu können. Denn die späteren Juristen führen, wie das bei dem Abkommen der *transitio ad plebem* sehr natürlich ist, die Sache nicht mehr als streitig an, sondern sagen ganz entschieden, dass ein Aelterer von einem Jüngeren nicht adoptirt werden könne.[2]) — In demselben Zusammenhange sagt M. sodann: „Wie hätte ferner, wenn eine solche *adoptio fiduciae causa* als pontificisches Rechtsinstitut in anerkannter Wirksamkeit bestand, Cicero sich vor den Pontifices darüber beklagen können, dass bei der Adoption des Clodius durch den Fontejus die pontificische Voruntersuchung nicht, wie z. B. bei den Adoptionen des Cn. Aufidius und des M. Puplus, auf das gegenseitige Altersverhältniss der Parteien erstreckt habe? wenn die Pontifices die sogenannte *arrogatio fiduciae causa* einmal erfunden hatten, so durften sie nach dem Altersverhältnisse gar nicht einmal fragen". Wie Cicero sich darüber beklagen konnte, dass die pontificische Cognition sich nicht auf das Altersverhältniss erstreckt habe, diese Frage habe ich schon im Vorum S. 14, Anm. 3 so vollständig beantwortet, dass es hier genügt, mit Verweisung darauf nur kurz zu sagen, dass Cicero als Redner an die Arrogation des Clodius in unjuristischer Weise den Maasstab einer ernsthaften Arrogation legt. Da ich ferner nur behaupte, dass die Pontifices die *arrogationes fiduciae causa* zugelassen haben, so versteht es sich von selbst, dass sie nach dieser meiner Ansicht allerdings, trotz der rechtlichen Zulässigkeit der *arrogatio fiduciae causa* im Allgemeinen, dennoch im concreten Falle, wenn sie es wollten, nach dem Altersverhältniss fragen durften. Darin hat Cicero gewiss nicht Unrecht, wenn er das Scheingeschäft, das sich als solches nicht selbst bezeichnen durfte (S. 12, Anm. 4), als solches ignorirend und mit geschickter Benutzung der Thatsache, dass eine pontificische Cognition gar nicht stattgefunden hatte (S. 14. Anm. 3),

---

1) Diess behauptet auch Savigny nicht, der Verm. Schriften 1, S. 192 werst die charakteristische oder wie er es ausdrückte, „symbolische" Bedeutung der senes bei der *coemptio fiduciae causa* erkannte. Hätte er es behauptet, so würde es unrichtig sein, da ja die *coemptio fiduciae causa* bekanntlich auch mit dem *maritus* geschlossen werden konnte.

2) Ulpian. in Dig. 1, 7, 15, 3: Item non debet quis plures arrogare, nisi ex iusta causa; sed nec libertum alienum, nec maiorem minor. Modestin. in Dig. 1, 7, 40, 1: Non tantum quum quis adoptat, sed et quum arrogat, maior esse debet eo, quem sibi per arrogationem vel per adoptionem filium facit; et utique plenae pubertatis, id est decem et octo annis eum praecedere debet. Instit. 1, 11, 4: *Minorem natu non posse adoptare maiorem placet*; adoptio enim naturam imitatur, et pro monstro est, ut maior sit filius, quam pater. Debet itaque is, qui sibi filium per adoptionem vel arrogationem facit, plena pubertate, id est decem et octo annis, praecedere.

voraussetzt, eine gewissenhafte pontificische Cognition würde sich auch auf das Altersverhältniss erstreckt haben.

Wegen dieser, wie man sieht, mit Leichtigkeit zu beseitigenden Anstände meint M.,
die Adoption des Clodius sei nicht eine Scheinarrogation, nicht die regelrechte Anwendung
eines pontificischen Instituts gewesen, sondern die Adoption sei im Falle des Clodius einfach
gemissbraucht worden; und „daraus, dass die Adoption in einzelnen Fällen zu ganz anderen
Zwecken gebraucht worden ist, als für die das Recht sie aufgestellt hatte, folgt denn doch
nimmermehr die rechtliche Existenz einer Scheinadoption" (S. 407). Dass die Adoption des
Clodius mehr ist als ein blosser Missbrauch, glaube ich zwar schon durch den Hinweis auf
die Thatsache bewiesen zu haben, dass Clodius trotz der Arrogation seinen Namen und seine
Sacra rechtlich beibehalten hat (S. 10, Anm. 1 und S. 15, Anm. 4), und dass seine Arrogation
nach Cato's Votum überhaupt als gültig anerkannt wurde (S. 15, Anm.). Indessen da M.
S. 409 ausdrücklich behauptet: „die rechtlich begründeten Folgen waren bei dieser Adoption
ganz dieselben wie bei jeder andern"; da er S. 408 das Zugeständniss, dass bei den vom
Rechte tolerirten und weiter entwickelten Scheinformen, „allmählich auch die rechtlichen Folgen mehr oder minder alterirt werden", an die Einschränkung knüpft: „aber jede solche Ab-
weichung ist ein Bruch der rechtlichen Consequenz, und kann nur da ange-
nommen werden, wo strenger Beweis dafür erbracht ist"; und da in der That
dieser Beweis nicht ausführlich genug von mir entwickelt worden ist: so will ich zuvörderst
diesen Beweis aus der Ueberlieferung streng durchzuführen versuchen. Es kommt hierbei
darauf an zu zeigen, dass es mit der von mir behaupteten Thatsache seine Richtigkeit hat,
nämlich damit, dass Clodius seinen Namen, seine Sacra, und, füge ich hinzu, sein Erbrecht rechtlich behalten hat.

Ich gehe zum Zweck dieses Beweises von der Stelle Cic. de dom. 13, 35 aus, die ich
daher mit einigen, zwar selbstverständlichen, vielleicht aber doch die Sicherheit des Verständ-
nisses erleichternden Parenthesen hersetze. Sie lautet:

quas adoptiones (nämlich die von Cicero angeführten Musteradoptionen des Cn.
Aufidius und M. Pupius) sicut allas innumerabiles *hereditates nominis, pecuniae,
sacrorum* secutae sunt. *Tu neque Fonteius es, qui esse debebas* (scil. nec tamen
es), neque patris (scil. adopt!vi), *heres* (scil. qui esse debebas, nec tamen es), neque *amissis sacris paternis* (scil. quae amittere debebas, nec tamen amisisti) *in
haec adoptica venisti* (scil. in quae venire debebas, nec tamen venisti).

1. Rücksichtlich des Namens sagt also Cicero, Clodius heisse nicht Fonteius, wie
er nach Analogie der ernsthaften Adoptionen hätte heissen sollen. Dass dieser Behauptung
Cicero's nicht widersprechen die Stellen de dom. 44, 116 und de har. resp. 27, 57. habe
ich S. 10, Anm. 1 gezeigt. Dass aber Clodius nicht bloss thatsächlich, sondern rechtlich
so hiess, habe ich ebendaselbst aus der Benennung der Gesetze des Clodius als *leges Clodiae*
geschlossen, und halte das Recht dieses Schlusses so lange fest, als mir nicht bewiesen ist,
dass auch andere von adoptirten Söhnen rogirte Gesetze nicht mit dem Nomen gentilicium ihrer
Adoptivfamilie, sondern mit dem ihrer natürlichen Familie benannt worden sind. — Mommsen hingegen ist sich selbst nicht klar darüber, ob Clodius auch bloss thatsächlich Clodius nannte, oder
ob er rechtlich so hiess. Denn er stellt am Schlusse des Nachtrages in dieser Beziehung zwei
Möglichkeiten auf S. 411). Zuerst meint er, Clodius möge auf den in obiger Stelle enthaltenen Vorwurf Cicero's wegen Beibehaltung des Namens erwiedert haben, „dass er in der

Beibehaltung seines angestammten Namens nur der in dieser Zeit bereits in der Wahl des
Eigennamens eintretenden Willkür sich bediene". Nun ist es freilich bekannt genug, dass
in jener Zeit Willkür im Gebrauch des Eigennamens duriss; aber diese Willkür erstreckte
sich lediglich auf das Praenomen und Cognomen. So z. B. führte der amtlich Q. Caecilius
Metellus Pius Scipio heissende Consul des J. 52 (Cic. ad fam. S. 8) zur Erinnerung an seine
Abstammung von P. Cornelius Scipio Nasica nicht nach alter Sitte den Zusatz Cornelianus,
sondern den signifikantern Scipio; ausseramtlich aber wurde er nicht bloss richtig Metellus
oder Scipio Metellus, sondern auch streng genommen unrichtig Scipio oder Nasica; ja er
wurde nicht bloss Quintus Scipio, sondern sogar Publius genannt, weil er als Sohn seines
natürlichen Vaters so geheissen hatte[1]). Niemals aber nannte er sich oder wurde er von
Andern genannt Cornelius. So wird P. Cornelius Dolabella, der diesen Namen trotz
der *transitio ad plebem* behielt, bisweilen willkürlich Lentulus genannt, was sich ohne
Zweifel aus irgend einer Beziehung des Dolabella oder seiner *stirps* zu der *stirps* der *Len-
tuli* erklärt (S. 2. Anm. 3). So heisst endlich nach M. selbst (Röm. Forsch. S. 51) „der
Mörder Caesars, der leibliche Sohn des M. Junius Brutus, Adoptivsohn des Q. Servilius Caepio,
im officiellen Stil nie anders als Q. Caepio Brutus oder Q. Caepio, im gemeinen Verkehr
auch wohl M. Brutus, aber niemals weder Servilius, noch Junius". Diese Beispiele nun
beweisen wohl Willkür im Gebrauch der Praenomina und Cognomina im Allgemeinen; das
letztere beweist auch, dass „der Geschlechtsname abgeworfen und das Cognomen völlig an
dessen Stelle gesetzt wird" Röm. Forsch. S. 50;[2] aber ein Beispiel dafür, dass ein rechtmässiger
P. Fontejus Claudianus sich habe aus reiner Willkür Clodius nennen dürfen, ist nicht vorhanden.
Mommsen selbst kann nicht ernstlich meinen, dass Clodius dies gedurft habe; denn wenn dieser
rechtlich P. Fontejus Claudianus hiess, so muss M. selbst anerkennen, dass dieser P. Fontejus Claudianus so gut wie jeder andere ausser Stande war den Namen Clodius anzunehmen; sagt M. doch
selbst: „dagegen den Geschlechtsnamen zu wechseln ist ohne Volksbeschluss sicher nicht
möglich gewesen" (S. 50). Ist es nicht vielmehr in hohem Grade wahrscheinlich, dass
solche Willkürlichkeiten, wie sie im Gebrauche des Praenomen und Cognomen bei Q.
Metellus Scipio und Q. Caepio Brutus finden, eine Folge waren der bei dem Aufkommen der
Scheinadoptionen *pontificum auctoritate* sanctionirten Beibehaltung des angestammten Namens?
— In gerechtem Misstrauen gegen seine erste Vermuthung bezüglich des Namens sagt M. nun aber
gleich darauf: „Möglich ist es auch, dass er hinsichtlich des beibehaltenen Namens auf den Act aus
dem J. 694 zurückging und behauptete nicht durch Arrogation, sondern durch Transition den
Adel aufgegeben zu haben". Wie das möglich sein soll, gestehe ich weder mit der Logik
des römischen Rechts noch mit der Rechtskenntniss des Clodius und seiner „rechtlichen Berather" vereinbaren zu können. Denn wenn Clodius die Nichtigkeit seines Versuchs vom J. 60
durch die Thatsache anerkannt hatte, dass er als Patricier sich dem P. Fontejus zur Arrogation übergab: wenn er ferner alle Ursache hatte die Gültigkeit dieser Arrogation, als auf
welcher seine *transitio ad plebem* und somit sein Tribunat beruhte, zu behaupten: so kaum
er weder auf den nichtigen Act vom J. 60 sich berufen, noch durch eine solche Berufung
die Gültigkeit der im J. 59 stattgefundenen Arrogation selbst in Frage gestellt haben[3].

---

1) Die Belege s. bei Drumann, Geschichte Roms, Bd. 2, S. 44.

2) Auct. de praenom. cap. 2: Quin etiam quaedam cognomina in nomen versa sunt, ut Caepio; nam-
que hoc in Bruto nominis locum obtinet.

3) Ganz etwas Anderes ist die von Cicero gerügte Inconsequenz des Clodius, dass er sich, nachdem

2. Rücksichtlich der Sacra sagt Cicero in obiger Stelle, dass Clodius seine *paterna sacra*, d. h. die *sacra gentis Claudiae*, nicht so verloren und die *adoptira sacra* nicht so erhalten habe, wie es bei ernsthafter Adoption hätte der Fall sein müssen. Dass Clodius die *sacra paterna* rechtlich behielt, habe ich S. 15, Anm. 4 durch Bezugnahme auf die Stelle de dom. 44, 116 angedeutet, welche lautet: *Inferiorem partem aedium assignavit* non suae genti Fonteiae, sed *Clodiae*, quam reliquit. Mommsen nun widerspricht sich rücksichtlich dessen, was Cicero über die Sacra sagt, scheinbar, indem er im Texte S. 410 meint, Cicero habe seine Behauptung der Nichtigkeit der Arrogation des Clodius darauf gestützt (was, beiläufig bemerkt, nach S. 14, Anm. 3 nicht ganz richtig ist): „dass Clodius die angestammten Sacra nicht aufgegeben und den Namen nicht gewechselt habe", in der Anm. daselbst aber: „Uebrigens geht es auch aus Cicero's Darstellung und aus der Sache mit der grössten Bestimmtheit hervor, dass Clodius, wofern er überhaupt Plebejer war, auch die Sacra eingebüsst hatte". Dieser scheinbare Widerspruch rührt nämlich daher, dass M. natürlich meint, Clodius habe wohl thatsächlich die *sacra gentis Claudiae* fortgeführt, aber er habe nach Cicero's eigener Darstellung dazu kein Recht gehabt. Dass diess M.'s Meinung sein muss, schliesse ich aus der Art, wie M. sich in einen wirklichen Widerspruch verwickelt bezüglich des Grundes, mit welchem Clodius die Argumentation Cicero's bestritten haben möge. Denn während nach obigen Worten M's, die in dieser Hinsicht ganz richtig sind, Cicero seine Argumentation auf das Nichtaufgeben der Sacra stützt, meint M. S. 411: „Clodius mochte nicht ohne Grund erwiedern, dass der Austritt aus den claudischen Sacris sich in Folge des Austritts aus dem Geschlechte auch ohne förmliche Erklärung von selber verstehe", was er — hier ganz abgesehen davon, dass der scheinbare Austritt aus dem Geschlechte nach meiner Ansicht gerade bei der Arrogation mit der *detestatio sacrorum* verbunden war, — doch nur dann erwiedern konnte, wenn Cicero ihm vorgeworfen hätte, dass er die Sacra aufgegeben habe. Dass übrigens Cicero das Recht des Clodius zur Fortführung der *sacra gentis Claudiae* bestreitet, ist richtig und von mir nie geleugnet worden (vgl. S. 10, Anm. 1); aber er thut es nur in solchen Stellen[1]), in welchen er als Redner unjuristischer Weise den Maassstab einer ernsthaften Arrogation an die Arrogation des Clodius legt (S. 14, Anm. 3). Aus den Verhandlungen der Pontifices aber, deren Auctorität in juristischen Dingen der Cicero's gewiss vorzuziehen ist, im Processe de domo[2]), — Verhandlungen, die wir auch aus Cicero selbst am Besten kennen, — geht deutlich hervor, dass Cicero dieses Recht des Clodius mit Unrecht bestritt. Bekanntlich hatte Clodius, wie es die Stelle 44, 116 besagt, den hochheiligen (Dion. Hal. 11, 14) *sacra gentilicia* der *gens Claudia* einen Theil einer auf dem Platze von Cicero's Hause erbauten Säulenhalle dedicirt. Er hatte

er sich mit Caesar verfeindet hatte, den Leges Juliae gegenüber auf die *obnuntiatio* des Bibulus berief, obwohl diese *obnuntiatio* nach Cicero's und Bibulus Meinung auch die *lex curiata* des Caesar und die *arrogatio* des Clodius in Frage stellen konnte (Cic. de dom. 15, 39. de har. resp. 23, 48. de prov. cons. 19, 45). Denn diese Inconsequenz ist nur scheinbar, und Cicero sowie Bibulus (de dom. 15) hatten Unrecht sie zu rügen, wie sich leicht darthun lässt.

1) Cic. de dom. 13, 35: Quid? *sacra Clodiae gentis, cur intereunt, quod in te est?* Daselbst nach der im Texte angeführten Stelle: Ita *perturbatis sacris* — factus es eius filius contra fas. de har. resp. 27, 57: iste parentum nomen, sacra, memoriam, gentem Fonteiano nomine obruit.

2) Vgl. Brückner, Leben Cicero's, S. 373 ff.

also für diese Sacra ein neues Heiligthum[1]) gestiftet, und zwar zu einem neuen Cultus der Libertas, welche er in einer Bildsäule verehrt wissen wollte, die sein Bruder Appius Claudius von dem Grabmal einer Tanagraeischen Buhlerin nach Italien gebracht und ihm zu diesem Zweck überlassen hatte.[2]) Zwar hatte Clodius bei dieser Dedication einen Pontifex zugezogen; aber dieser, der Bruder seiner damaligen Frau, L. Pinarius Natta[3]), hatte dazu nicht die wie es scheint erforderliche Vollmacht des Collegiums (de dom. 45, 117), auch hatte er aus Unerfahrenheit das Ritual nicht richtig beobachtet (de dom. 46, 122). Zwar hatte Clodius ferner das für eine Dedication erforderliche[4]) Plebiscit erwirkt (de dom. 40, 106); aber dasselbe war, abgesehen davon, wie es durchgebracht sein mochte, so unvorsichtig redigirt, dass es zweifelhaft war, ob Clodius darin nominatim, wie es das sacrale Recht und die Staatsgesetze verlangten, zu der Dedication ermächtigt worden sei (de dom. 50, 129). Wie urtheilte nun bei dieser Sachlage das Collegium der Pontifices? Es gab nach Anhören der Rede Cicero's de domo sein Gutachten bedingt dahin ab (Cic. ad Att. 4, 2, 3): Si neque populi iussu neque plebis scitu is qui se dedicasse diceret, nominatim et rei praefectus esset, neque populi iussu aut plebis scitu id facere iussus esset, videri posse sine religione eam partem areae Ciceroni restitui. Worauf dann der Senat, welchem, als der hierfür competenten Instanz, das Collegium damit die Interpretation der bezüglichen Lex Clodia zugeschoben hatte, den bedingten Ausspruch in einen unbedingten verwandelte: domum Ciceronis ludicio pontificum religione liberatam videri (de har. resp. 7, 13), wie er denn ja auch das unvorsichtig redigirte Gesetz zu Ungunsten des Clodius und zu Gunsten des Cicero interpretirte (ad Att. 4, 2, 4). Bei der vorsichtigen Fassung des pontificischen Decrets, die den Clodius allerdings vorläufig zu der Behauptung berechtigte, pontifices secundum se decrevisse (ad Att. 4, 2, 3), ist es gewiss klar, dass, wenn das Plebiscit vorsichtiger redigirt gewesen wäre, oder wenn auch nur der Senat es im Sinne des Clodius interpretirt hätte, was Clodius in seiner dreistündigen Senatsrede natürlich verlangt haben wird, dass dann an der Gültigkeit der Dedication Nichts auszusetzen gewesen wäre: weder die von L. Pinarius Natta begangenen Formfehler, die dieser selbst, nicht Clodius, vor den Göttern zu verantworten gehabt haben würde[5]); noch der Umstand, dass der Plebejer Clodius, obwohl er sich behufs seiner transitio von P. Fontejus hatte arrogiren und emancipiren lassen, sich als berechtigt zur Führung der Sacra der patricischen gens Claudia betrachtete. Wäre Clodius nicht einmal hierzu berechtigt gewesen, so hätte es wahrlich nicht der Weitläufigkeiten und am Allerwenigsten der vorsichtigen Fassung des pontificischen Decrets bedurft, um die Berechtigung zur Befreiung des Hauses Cicero's von jenem

---

1) Sacellum (Cic. de har. resp. 15, 32) oder sacrarium (Dig. 1, 8, 9, 2). Cicero nennt es de leg. 2, 17, 43 ein templum Licentiae.

2) Cic. de dom. 41—43. de har. resp. 15, 33. Ich will kein Gewicht darauf legen, dass hieraus hervorgeht, dass der nächste Agnat und Gentil des Clodius keinen Anstoss nahm an der Fortführung der sacra gentis Claudiae durch den Plebejer Clodius. Vgl. S. 15, Anm. 2.

3) Cic. de dom. 52, 134. pro Mur. 35, 73. Serv. ad Aen. 8, 269. Drumann, Gesch. Roms, Bd. 2, S. 370. Clodius selbst hatte ihn gegen seinen eigenen Bruder Appius Claudius unterstützt (de dom. 45, 118; vgl. pro Scauro fr. 34); deshalb will ich auch darauf kein Gewicht legen, dass dieser unerfahrene Pontifex das Recht des Clodius auf die sacra gentis Claudiae anerkannte. Bei der Verhandlung de domo vor den Pontifices fehlte er aus nahe liegenden Gründen (Cic. de har. resp. 6, 12).

4) Cic. de dom. 49, 127, 53, 136; vgl. Liv. 9, 46. Fest. p. 321 M.

5) Denn an sich betrachtet war wohl die Assistenz des einen Pontifex ausreichend nach Cic. de har. resp. 7, 13: religionis explanatio vel ab uno pontifice perito recte fieri potest.

Cultus auszusprechen; ja dann würden Clodius und seine „rechtlichen Berather" von vorn herein nicht auf den Gedanken gekommen sein, den Platz des Hauses Cicero's durch eine Stiftung für die Sacra der *gens Claudia* für ewige Zeiten dem Privatverkehr also auch der Wiedererstattung an Cicero entziehen zu wollen, da sie das auch durch eine Stiftung für einen Cultus der *familia Fonteia* gekonnt hätten. — Noch mache ich darauf aufmerksam, dass diese Beweisführung zugleich zur Bestätigung des Nachweises dient, dass Clodius seinen patricischen Namen von Rechtswegen beibehielt.

3. Rücksichtlich der *hereditas* sagt Cicero in obiger Stelle direct nur, dass Clodius nicht *heres* sei seines Adoptivvaters, und M. bemerkt in dieser Beziehung S. 410, Anm. 12 mit Recht, dass Clodius als emancipirter Sohn des Fontejus nicht dessen *heres* sei. Ob er aber sein früheres *ius hereditatis* behalten habe, davon deutet Cicero direct Nichts an. Aus den Worten Cicero's folgt nämlich nicht es, wie für die *sacra* und das *nomen*, dass Clodius die agnatischen und gentilicischen Erbansprüche an die patricischen Claudier behalten habe. Es würde daraus ebenso entschieden folgen, wenn Cicero gesagt hätte: *neque amisso iure Quiritium legitimo tutelarum et hereditatium* patris heres es; denn dann müssten wir wie im dritten von den Sacra handelnden Satze ergänzen: *quod amittere debebas, nec tamen amisisti.* Statt dessen gebraucht Cicero jene das agnatische und gentilicische Vormundschafts- und Erbrecht umschreibenden Worte in dem unmittelbar folgenden Satze: Ita perturbatis sacris, contaminatis gentibus et quam deserduit et quam polluisti, *iure Quiritium legitimo tutelarum et hereditatium relicto* factus es eius filius contra fas, cuius per aetatem pater esse potuisti. Diese Worte nun können auf den ersten Blick allerdings zu beweisen scheinen, dass Clodius das *ius agnationis et gentilitatis* verloren habe; aber auch nur auf den ersten Blick. Sie beweisen nur, was wir ohnehin wissen (S. 14, Anm. 3), dass Cicero als Redner die Beibehaltung des *ius agnationis et gentilitatis* bestreitet. Er wendet eben auch hier wieder unjuristischer Weise den Maasstab einer ernsthaften Adoption an, bei welcher allerdings das *ius agnationis* und *gentilitatis* verloren ging. Aber so wenig nach des Pontifex Caesar, nach Cato's und nach des ganzen Senats Urtheile die Arrogation *contra fas* geschehen war, so wenig die Sacra nach dem Urtheile der Pontifices über die Thatsache der oben besprochenen Dedication *perturbata* waren; ebenso wenig hat Cicero mit seiner unjuristischen Ansicht bezüglich des Verlustes des *ius agnationis et gentilitatis* Recht. Clodius muss um so mehr auch diese Rechte, und damit die *hereditas*, rechtlich behalten haben, als er das *nomen* und die *sacra* nicht etwa blos factisch usurpirte, sondern sie rechtlich besass. — Ein Gegenbeweis wird schwerlich geführt werden können, da wir über das zu Gajus Zeit längst verschollene *ius gentilicium* (S. 31) sehr wenige positive Nachrichten haben. Ich bemerke jedoch, dass in der Notiz über den mit dem gentilicischen Patronatsrechte zusammenhängenden Erbschaftsprocess über die *hereditas* eines *liberti filius* zwischen den patricischen Claudii und den plebejischen Claudii Marcelli[1] ein solcher nicht liegt. Denn wir erfahren daraus nur, dass die Marcelli auf Grund ihres durch die *stirps* (Haus, im Gegensatze zu *gens*, Geschlecht) zu begründenden agnatischen Rechtes nähere Ansprüche geltend machten, als die patricischen Claudier kraft des *ius gentilitatis* geltend machen konnten. Wir wissen aber nicht, durch

---

1) Cic. de or. I. 39: Quid? qua de re inter Marcellos et Claudios patricios centumviri iudicarunt, cum Marcelli ab liberti filio stirpe, Claudii patricii eiusdem hominis hereditatem gente ad se redisse dicerent, nonne in ea causa fuit oratoribus de toto stirpis et gentilitatis iure dicendum?

welche factischen Nachwelse die Ansprüche der Marcelli näher begründet worden[1]. Und gesetzt auch die patricischen Claudier hätten gerechtere Ansprüche gehabt, und zwar desshalb gehabt, weil sie etwa nachwiesen, dass der Vater des liberti filius von einem patricischen Claudier manumittirt worden sei, so würde die in dieser Weise begründete Ausschliessung der plebejischen Claudii Marcelli vom Erbrecht der patricischen Claudii doch nicht gegen meine Ansicht beweisend sein. Denn es ist nicht erwiesen, dass der Ahnherr der Claudii Marcelli durch *transitio ad plebem* aus der gens Claudia so austrat, wie Clodius es *dicis causa* that. Dless muss M. selbst vielmehr für unwahrscheinlich halten; denn da die Claudii Marcelli schon 423 u. c. in den Consularfasten erscheinen (Röm. Forsch. S. 113), so ist es in der That wahrscheinlicher, bei jenem Processe den Abnherrn der Claudii Marcelli als Freigelassenen eines patricischen Claudiers zu denken (Röm. Forsch. S. 382).

Nachdem ich auf diese Weise den von M. S. 405 verlangten strengen Beweis dafür, dass die „rechtliche Consequenz" der Arrogation bei der Arrogation des Clodius „gebrochen" sei, erbracht habe, nachdem ich bewiesen habe, dass bei der Adoption des Clodius „die rechtlich begründeten Folgen" nicht „ganz dieselben wie bei jeder andern" (S. 409) waren; so versteht es sich eigentlich schon von selbst, dass M's mit seiner Ansicht von der Adoption des Clodius im Zusammenhang stehende Behauptung, meine Auffassung des Vorgangs bei der Adoption des Clodius „hebe in der That sich selber auf" (S. 410), nicht richtig sein kann. Und wie schwach sind denn auch die Gründe, die er für diese seine Behauptung vorbringt! Er sagt in dieser Beziehung (S. 410): „Wenn Clodius nicht „„wahrer filius"" des Fontejus wurde, in wiefern durfte dieser ihn dann wahrhaft emancipiren?" Ich habe darauf schon im Voraus, sowohl in meinem mündlichen Vortrage (Zeitschr. f. d. österr. Gymn. S. 865), als auch oben S. 12, N. 4, geantwortet und antworte nochmals: gerade so, wie der *coemptionator fiduciarius* die Frau emancipiren durfte, obwohl auch sie nicht wahrhaft *filiae loco* für ihn war. — Mommsen fragt ferner: „und wenn er nicht wahres Glied des fonteischen Hauses war, in wiefern war er dann wahrer Plebejer?" Ich antworte: Insofern als er, um wahrer Plebejer zu werden, *dicis gratia uno momento* Glied des fonteischen Hauses wirklich gewesen war; insofern als er es so gewesen war, wie der *emancipatus*, um *sui iuris* zu werden, gleichfalls *dicis gratia uno momento* (Gaj. 1, 141; vgl. 1, 132 *in mancipio*, d. i. *servi loco* Gaj. 1, 135), aber nur *dicis gratia servi loco* und daher auch nicht mit voller Wirksamkeit *servi loco* (Gaj. 1, 140), sein musste; insofern als er es nur *propter veteris iuris imitationem* (Gaj. 2, 103) gewesen war, d. h. auf unsern Fall angewendet, wegen der Nachahmung des bei ernstlichen Adoptionen erforderlichen *transitus in alienam*, bezw. *plebeiam, familiam* und des dabei üblichen Verfahrens. — Mommsen fragt endlich: „wenn der Act der Arrogation die Kraft hatte, den — lediglich durch den Wechsel der Familie bedingten — Standeswechsel zu bewirken, wie kann denn dabei der Wechsel der Familie nicht stattgefunden haben?" Gleich als ob ich behauptet hätte, der Wechsel der Familie habe nicht stattgefunden, und nicht vielmehr gerade der Ansicht wäre, dass der Wechsel der Familie allerdings, aber nur zum Schein *dicis gratia uno momento* stattgefunden habe; welche Ansicht, zwar nicht so ausführlich, aber deutlich genug durch die Bemerkung ausgedrückt ist, dass der Adoptivvater P. Fontejus seine Rolle nur *dicis causa* gespielt habe (Zeitschr. f. d. österr. Gymn. S. 865; oben S. 13). Uebrigens wolle man sich auch daran erinnern, dass ich oben

---

[1] Ganz ebenso beurtheilt diesen Fall Mommsen selbst, Röm. Forsch. S. 382

S. 19 gezeigt habe, dass *transire ad plebem* von den Alten geradezu als ein *transire ad ple-beiam familiam* aufgefasst und erklärt wird.

Wahrlich es ist betrübend, als Philologe über solche elementare Dinge mit einem Ju-risten streiten zu müssen. Aber dieser Streit wird doch wenigstens das Gute haben, dass er erkennen lässt, wie diesem Juristen es nicht zusteht die Behauptung in die Welt zu schicken: „Indess noch weit schlimmer ist die verkehrte Vorstellung, die Lange sich überhaupt von diesen simulirten, oder besser gesagt denaturirten Rechtsacten macht" (S. 407 f.). Gegen diese Behauptung bemerke ich zunächst, dass ich den Ausdruck simulirt weder in meinem mündlichen Vortrage, noch in der jetzt vorliegenden Ausarbeitung desselben gebraucht habe [1]. Sodann bestreite ich durchaus nicht, dass „denaturirt" in gewissem Sinne besser gesagt ist, als „simulirt". Nach meiner Vorstellung von den Scheingeschäften kann man allerdings alle juristischen Scheingeschäfte, als bei welchen ein *dicis gratia agere* stattfindet, „denatu-rirte" nennen. Als Gattungsbezeichnung ist daher „denaturirt" in der That besser gesagt, als „simulirt", da es ein *dicis gratia agere* giebt, bei welchem von einem Täuschenwollen nicht füglich die Rede sein kann, wie z. B. das *rauduscalo ferire* bei der Mancipation. Aber mit Bezug auf die Geschäfte *fiduciae causa* kommt hierauf gar Nichts an, da nicht alle „de-naturirten" oder weniger gut gesagt nicht alle „simulirten" Geschäfte *fiduciae causa* geschehen, die Geschäfte *fiduciae causa*, — von denen ausser der *coemptio fiduciae causa* die *mancipatio fiduciae causa* (S. 11, Anm. 1) und die *in iure cessio fiduciae causa* (Gaj. 2, 59) allgemein bekannt sind, — vielmehr nur eine Species der Geschäfte *dicis causa* ausmachen. Da ich es nun nur mit einem Geschäfte *fiduciae causa* zu thun hatte, so hatte ich natürlich bis jetzt keine Veranlassung mich über meine Vorstellung von den Scheingeschäften oder den „dena-turirten" Geschäften im Allgemeinen auszusprechen. Uebrigens nehme ich durchaus keinen Anstand zu erklären, dass sie sich in allem Wesentlichen anschliesst an die Auffassungsweise Iherings, dessen Geist des römischen Rechts Bd. 2, S. 554 ff. ich deshalb auch oben S. 10, Anm. 2 und nachher öfter citirt hatte [2].

Und, wie unterscheidet sich denn nun meine Vorstellung von derjenigen M's mit Bezug auf den concreten Fall einer *arrogatio* und *adoptio fiduciae causa*? Ich stimme M. darin vollkommen bei, dass sich die Scheingeschäfte principiell „gar nicht durch die Verschie-denheit der Rechts-, sondern lediglich durch die Verschiedenheit der thatsächlichen Folgen unterscheiden", und füge nur hinzu, was M. nicht wird bestreiten können, dass, wie bei andern, so namentlich bei den *fiduciae causa* vollzogenen Scheingeschäften jene verschiede-nen thatsächlichen Folgen von den Agirenden beabsichtigt wurden (oben S. 12, Anm. 4). Ich stimme ferner M. auch darin bei, „dass die Parteien in dem einen wie in dem andern Falle unter den gleichen Rechtssatzungen stehen, aber bei denaturirten Geschäften sich auf die-sem oder jenem Wege denjenigen thatsächlichen Consequenzen entziehen, um deren willen jene Satzungen aufgestellt sind", und kann mich zum Beweise dieser Uebereinstimmung auf S. 14, Anm. 2 berufen. Und ebenso stimmt M. mit mir trotz der eben hervorgehobenen

---

1) Er kommt einmal S. 13, Anm. 3 vor, aber in einem Citate aus Iherings Geist des römischen Rechts, der mit diesem Ausdruck von den heutzutage stattfindenden simulirten Geschäften spricht.

2) Ich benutze diese Gelegenheit mit Vergnügen, um meinen Freunden Ihering und Deurer öffent-lich meinen Dank auszusprechen für die vielfache Belehrung in juristischen Dingen, die ich ihrem Umgange verdanke. Ohne ihre Beistimmung zu meiner Ansicht (in allem Wesentlichen) würde ich es mir nicht erlaubt haben, mit derselben hervorzutreten.

— 40

principiellen Unterschiedslosigkeit der ernsthaften und der Scheingeschäfte darin überein, „dass die missbräuchliche Anwendung eines Rechtsinstituts selbst wieder zu individueller Gültigkeit und eigenthümlicher Entwickelung gelangt, also ein selbständiges Rechtsinstitut wird" (S. 406., und „dass allerdings bei denjenigen Scheinformen, die das Recht tolerirt und weiter entwickelt, allmählich auch die rechtlichen Consequenzen mehr oder minder alterirt werden" (S. 408). Nehmen wir zu diesen Prämissen, worüber keine Meinungsverschiedenheit zwischen M. und mir besteht, das fernere Geständniss M's hinzu (S. 407., dass „dem Missbrauche bei der Adoption besonders schwer zu steuern war, weil deren Gestattung oder Versagung im Allgemeinen von dem Ermessen der Pontifices oder vielmehr des Oberpontifex[1]) abhing, und daher, wenn dieser zu einem Missbrauche des Instituts connivirte, der Act nicht leicht als rechtlich nichtig angefochten werden konnte"; so haben wir alle diejenigen Voraussetzungen beisammen, durch welche ich angesichts der historischen Ueberlieferung bewogen worden bin anzunehmen, dass „von dem Collegium der Pontifices neben den ernstlich gemeinten Arrogationen auch *arrogationes fiduciae causa* zugelassen worden sind" (oben S. 14). Welchen Werth ich dem Conniviren des Collegiums der Pontifices beilege, geht aus meiner Behauptung hervor, dass zur Zulassung der *arrogationes fiduciae causa* „eigentlich weiter Nichts nöthig war, als dass das Collegium der Pontifices bei der pontificischen Cognition über die Beweggründe der Adoption ein Auge zudrückte". Ich will eben im Wesentlichen nur dieses: dass die *arrogatio fiduciae causa* ein zu „individueller Gültigkeit und eigenthümlicher Entwickelung gelangtes", ein „tolerirtes und weiter entwickeltes" Rechtsinstitut geworden sei, bei dem auch die rechtlichen Consequenzen der *arrogatio* alterirt wurden, bei dem die *fiduciae causa* Arrogirten sich auf diesem oder jenem Wege nicht bloss den thatsächlichen Folgen (wie dem sittlichen Kindschaftsverhältnisse, M. S. 409), sondern auch der rechtlichen Consequenz des Wechsels des Namens, des Erbrechts und der Sacra entzogen, bezw. zu entziehen berechtigt waren.

Rücksichtlich des Weges nun, auf dem sie sich dieser rechtlichen Consequenz entzogen, habe ich mich allerdings naive ausgedrückt, indem ich gesagt habe (S. 15): „Waren nun aber *arrogationes fiduciae causa* zulässig, so versteht es sich von selbst, dass der zu Arrogirende sich nebenbei nicht bloss die sofortige *emancipatio*, sondern auch das Recht ausbedingen konnte, seinen alten Namen, seine alten Sacra und sein altes Erbrecht beizubehalten", und indem ich mit Wiederholung der Unklarheit S. 16, Z. 5 f. auch für die *adoptio fiduciae causa* von der Möglichkeit einer Ausbedingung des Namens, der Sacra und des Erbrechts, und S. 15, Anm. 3 auch für die *coemptio fiduciae causa* in gewissen Fällen von der Möglichkeit einer Ausbedingung der Sacra gesprochen habe. Nämlich es konnte allerdings die sofortige *emancipatio* ausbedungen werden. Rücksichtlich dieses Punctes äussert sich M. nicht allein beistimmend (S. 409): „ebenso konnte man es den Parteien nicht wehren, die durch den Adoptionsact begründete väterliche Gewalt durch sofortige Emancipation wieder aufzuheben", sondern er macht sogar bezüglich desselben das sehr bemerkenswerthe Zugeständniss (S. 410. Anm.), dass „man allenfalls von *fiducia* bei der Arrogation insofern sprechen könnte, als der Arrogans sich verpflichtet, den Arrogirten sofort zu emancipiren". So gut wie die *emancipatio* selbst, so gut konnte aber auch von dem zu Arrogirenden ohne Zweifel die Beibehaltung seines gegenwärtigen

1) Diese irrthümliche Behauptung (vgl. S. 36. Aum. 2) beeinträchtigt den Werth dieses Zugeständnisses nicht.

Vermögens, oder richtiger gesagt die Restituirung desselben durch *fiducia* ausbedingen werden, was ich im Vortrage nicht ausdrücklich gesagt habe, weil ich es für selbstverständlich hielt. Denn das Vermögen des Arrogirten fiel dem Adoptivvater rechtlich zu (Gaj. 2. 98. 3. 83. Dig. 1, 7. 15); er konnte sich also durch *fiducia* verpflichten, es zu restituiren. Ohne Zweifel haben auch die Frauen, welche eine *coemptio fiduciae causa* eingingen, sich die Restituirung des Vermögens ausbedingen; denn keine Frau würde die *coemptio fiduciae causa* eingegangen sein, wenn sie ihr Vermögen hätte aufgeben müssen [1]. Die Beibehaltung des Namens, der Sacra und des Erbrechts aber konnte sich der zu Arrogirende freilich vom *pater fiduciarius* nicht ausbedingen, und zwar aus dem einfachen Grunde nicht, weil dieser kein Recht hatte, über den Namen, die Sacra und das Erbrecht eines ihm fremden Geschlechts zu verfügen. Uebrigens hatte ich bei jenem Ausdrucke, wie aus S. 15. Anm. 2 (vgl. S. 36. Anm. 2) hervorgeht, M. aber allerdings bei dem Wortlaute meines mündlichen Vortrags nicht wissen konnte, auch gar nicht an die *fiducia* des Adoptivvaters, sondern an die der Gentilen des an Arrogirenden gedacht. Indessen gebe ich zu, dass die Vermuthung einer solchen unbeweisbar und auch nicht recht wahrscheinlich ist, dass ich also rücksichtlich des Weges, auf dem sich die *fiduciae causa* Arrogirten der rechtlichen Consequenz des Wechsels des Namens, der Sacra und des Erbrechts entzogen, nicht bloss mich unklar ausgedrückt, sondern auch eine unbeweisbare Vermuthung gehabt habe; ja, ich gebe sogar zu, dass ich durch meine Ausdrucksweise Veranlassung gegeben habe, zu glauben, dass ich gegen die Logik des römischen Rechts schwer gesündigt hätte. Aber dagegen muss ich mich entschieden verwahren, dass meine Ausdrucksweise als ein Beweis „verkehrter Vorstellung" von den Scheingeschäften angesehen werden könnte. Im Zusammenhange mit meiner Vermuthung einer *fiducia* zwischen dem aus der Gens Austretenden und seinen Gentilen steht auch der S. 15 gebrauchte Ausdruck *detestatio sacrorum fiducinae causa*, der ein „juristisches Unding" und ein Beweis „verkehrter Vorstellung" von den Scheingeschäften auch nur unter der Voraussetzung ist, dass ich dabei an die *fiducia* des Adoptivvaters gedacht hätte. Der Unwahrscheinlichkeit meiner S. 15. Anm. 2 ausgesprochenen Vermuthung war ich übrigens schon bald nach Absendung meines Manuscripts inne geworden, und ich würde bei der Correctur der Druckbogen sowohl die Anmerkung geändert als auch die incriminirten Ausdrücke durch eine vorsichtigere Fassung ersetzt haben, wenn nicht das Erscheinen von M's Nachtrag mir die Pflicht auferlegt hätte, eine wirklich gelegte unwahrscheinliche Vermuthung offen zurückzunehmen.

Hiernach ist klar, dass meine Ansicht so, wie ich sie jetzt S. 40 präcisirt habe, nicht im Mindesten erschüttert werden kann durch den Wegfall meiner Vermuthung über den Weg, auf dem die *fiduciae causa* Arrogirten sich der Consequenz des Wechsels des Namens, der Sacra und des Erbrechts entzogen. Angesichts der *coemptio fiduciae causa* kann daher kein Zweifel sein, dass die römischen *iureconsulti*, also eben auch die als *iureconsulti* im eminenten Sinne des Wortes geltenden *pontifices* (S. 14, Anm. 2; vgl. auch Cic. de leg. 2. 19—21), Mittel und Wege gewusst haben werden, erst eine *adoptio* und dann eine *arrogatio fiduciae causa* behufs der *transitio ad plebem* zu ermöglichen, dass sie gewusst haben wer-

---

[1] Ebenso Savigny, Verm. Schriften, Bd. 1, S. 191, der indess über die Art, wie die *remancipatio* des Vermögens ausbedungen ward, eine andere Meinung hat; er meint nämlich, die Frau selbst habe sie sich nicht ausbedingen können. Aber wo steht, dass die Frau selbst nicht sich das „Treuwort" vom Coemptionator konnte geben lassen?

den, die *detestatio sacrorum*[1]) für den Zweck dieser *arrogatio fiduciae causa* zu einem Geschäfte herabzusetzen, das man, wenn auch nicht eine *detestatio sacrorum fiduciae causa*, so doch eine *detestatio sacrorum dicis causa* oder eine „denaturirte" *detestatio* nennen darf.[2]) Ich meinerseits könnte die Verpflichtung ablehnen, die Mittel und Wege der Pontifices zu ergründen. Denn auch bei der *coemptio fiduciae causa* ist der Weg unaufgeklärt, auf welchem der Frau das *ius hereditatis* gesichert wurde, das ihr doch rechtlich reservirt gewesen sein muss, da sie ein Erbrecht dem Coemptionator gegenüber, für den sie nicht *filiae loco* war S. 12. N. 3. 4), nicht hatte,[3]) und da keine Frau die *coemptio fiduciae causa* eingegangen sein würde, wenn sie nicht ihr bisheriges *ius hereditatis*, so gut wie ihr Vermögen, hätte behaupten können. Und doch zweifelt dieses Rückstandes unserer wissenschaftlichen Erkenntniss wegen Niemand an dem Rechtsinstitute der *coemptio fiduciae causa*.

Indess, es hat einen verführerischen Reiz für mich, einen Blick in die Werkstätte der Pontifices zu thun, und so will ich versuchen, eine neue und hoffentlich bessere Vermuthung über jene Mittel und Wege der Pontifices aufzustellen.

1. Ich beginne mit den Sacra.[4]) Nach pontificischer Lehre hafteten die Sacra am Vermögen,[5]) und zwar nicht etwa durch eine gesetzliche Bestimmung, sondern durch die *auctoritas pontificum*.[6]) Der *fiduciae causa* arrogirte *homo sui iuris* also, der sich zugleich mit der *emancipatio* die Restituirung seines Vermögens ausbedungen hatte (S. 40 f.), behielt dieses Vermögens wegen seine Sacra, trotzdem dass er sie *dicis causa* detestirt hatte. Nach

1) Danz, der sacrale Schutz. Jena 1869. S. 90, bestreitet die von mir befolgte Ansicht Savigny's (Verm. Schriften Bd. 1, S. 196) über die Zugehörigkeit der *detestatio sacrorum* zur *arrogatio* mit einer unberechtigten Consequenz aus der Verschiedenheit der Anspielen für *comitia calata* und *curiata* und mit der Behauptung, dass der zu Arrogirende zwischen der *detestatio* und der *arrogatio* ausser jeder Gens gestanden hätte und also nicht habe arrogirt werden können. Aber es liegt doch sehr nahe anzunehmen, dass die *detestatio sacrorum* so formulirt war, dass ihre Wirkung erst mit dem Moment des Eintritts der *arrogatio* eintrat.

2) Ihering, Geist des Röm. Rechts S. 555, theilt die Scheingeschäfte je nach ihrer secundären oder primären Entstehung ein in „residuäre" (vgl. S. 537) und „originäre". Ich würde darnach die *detestatio sacrorum dicis causa* ein residuäres Scheingeschäft nennen, während die *arrogatio fiduciae causa* selbst, gleich der *coemptio fiduciae causa*, ein originäres Scheingeschäft ist. Dass mit einem originären Scheingeschäfte ein residuäres verbunden ist, ist am Nichts auffälliger, als dass z. B. in dem originären Scheingeschäfte der *coemptio fiduciae causa* die *mancipatio* selbst als ein residuäres Scheingeschäft, als eine *imaginaria venditio* (Gaj. 1, 113) enthalten ist.

3) Selbst das ist nicht aufgeklärt, wie dieser Bruch der rechtlichen Consequenz der *coemptio* juristisch motivirt wurde. Was M. S. 440, Anm. 10 beiläufig darüber sagt, ist eben auch nur Vermuthung. Wenn er aber daselbst behauptet: „Verwandt ist die Erscheinung, dass die Remancipation dem Coemptionator, nicht aber dem wirklichen Ehemanne zusteht", und auch diese Erscheinung vermuthungsweise zu begründen sucht, so kann ich doch nicht umhin, da ich S. 12, N. 4 von der in Betreff des Ehemanns entgegengesetzten Ansicht ausgegangen bin, zu bemerken, dass die Remancipation nach den Quellen allerdings noch dem Ehemanne zustand (Fest. p. 277 M. Gaj. 1, 137; vgl. 1, 118), und nur das richtig, aber keineswegs eine „verwandte Erscheinung" mit der Versagung des Erbrechts der Frau dem *coemptionator fiduciarius* gegenüber ist, dass der Ehemann aus sittlichen Rücksichten, ausser im Falle der Scheidung, keinen Gebrauch von seinem durchaus nicht „hinfälligen" Rechte machte. Vgl. auch Marquardt, Röm. Alt. Bd. 5, S. 36, Anm. 170.

4) Vgl. im Allgemeinen Savigny, über die juristische Behandlung der *sacra privata* bei den Römern, in der Zeitschr. f. gesch. Rechtsw. Bd. 2. Berlin 1816. S. 362 (Verm. Schr. Bd. 1. 1850. S. 151).

5) Cic. de leg. 2, 20: Videtis igitur omnia pendere ex uno illo, quod pontifices cum pecunia sacra coniungi volunt iademque ferias (hereditates conj.) Monumsen) et caerimonias adscribendas putant.

6) Cic. de leg. 2, 21: Nam sacra cum pecunia pontificum auctoritate, nulla lege coniuncta sunt.

Ansicht der Pontifices, die für die Erhaltung der *sacra* amtlich zu sorgen hatten[1], hatte er nicht etwa bloss das Recht, sondern sogar die Pflicht, seine Sacra zu behalten[2]. Ebenso wird es bei den Frauen gewesen sein, die *testamenti faciendi gratia* oder *tutelae evitandae causa* die *coemptio fiduciae causa* eingingen (S. 11, Anm. 2. S. 15, Anm. 3). Die Frauen, welche dieselbe *sacrorum interimendorum causa* eingingen, verloren freilich im Gegensatze zu den *fiduciae causa* Arrogirten die Sacra. Aber diese offenbar jüngste Anwendung der *coemptio* stört nicht allein nicht die Analogie im Princip (S. 15. Anm. 3, sondern sie ist auch praktisch sehr wohl erklärlich, da die Pontifices erfinderisch genug waren, um ihre Verpflichtung zu umgehen, nach der sie für die Erhaltung der Sacra zu sorgen hatten[3]. Hiermit ist nun aber streng genommen nur erklärt, wie der *fiduciae causa* Arrogirte seine eigenen Sacra, noch nicht, wie er das Recht auf die Sacra seiner Gens behielt wenn diese überhaupt verschieden waren von seinen eigenen), und auch nicht, wie der *fiduciae causa* adoptirte *filius familias*, der nach vollzogener Scheinadoption als *emancipatus sui iuris* war, das Recht auf die Sacra seines natürlichen Vaters und auf die Sacra seiner Gens wenn sie von denen seines Vaters verschieden gewesen sein sollten) behielt. Nun aber fand obiger Grundsatz der Pontifices seine oberste Anwendung in dem Satze, dass die *sacra* an der *hereditas* hafteten[4]. Das Beibehalten auch dieser Sacra ist also vollkommen erklärt, sobald es bewiesen werden kann, dass die *hereditas*, welche dem *fiduciae causa* arrogirten Clodius z. B. verblieb (oben S. 37, den *fiduciae causa* Arrogirten und Adoptirten nach pontificischer Anschauung rechtlich verbleiben konnte[5].

2. Somit kommen wir zum Erbrecht. Für nicht juristische Leser bemerke ich, dass es hier nicht darauf ankommt, zu beweisen, dass die *fiduciae causa* Arrogirten und wieder Emancipirten nebst den Frauen, welche *fiduciae causa* die *coemptio* eingegangen waren, erbliche Ansprüche

---

1) Cic. de leg. 2, 9: Sacra privata perpetua manento. 2, 19: cum de sacris, qui locus patet latius, haec sit una sententia, ut conserventur semper et deinceps familiis prodantur, et, ut in lege posui, perpetua sint. de dom. 14, 36: deinde quod causa solet quaeri adoptandi, ut — ita adoptet, ut ne quid aut de dignitate generum aut de sacrorum religione minuatur.

2) Savigny, Verm. Schr. 8. 191: „Dass kein ähnlicher Missbrauch in Hinsicht auf Männer bei der Arrogation erwähnt wird (nämlich ein Missbrauch sacrorum interimendorum causa), ist gleichfalls zu erklären. Die Arrogation war ja nicht möglich ohne Erlaubnis der Pontifices, und diese mussten ihre Zustimmung in solchen Fällen gewiss versagen." — Also schon Savigny hat an die Möglichkeit einer arrogatio fiduciae causa gedacht! An eine solche, bei welcher die sacra behalten werden, konnte er freilich nicht denken, da er, als er jene Worte schrieb, nur die coemptio sacrorum interimendorum causa kannte.

3) Cic. de leg. 2, 21: Itaque si vos tantum modo pontifices esse tis, pontificalis maneret auctoritas, sed quod idem iuris civilis estis peritissimi, hac scientia illam eluditis. Folgen Beispiele und die Angabe, dass der Pontifex Mucius selbst die nöthigen Vorsichtsmassregeln an die Hand gab, um den, der ebensoviel erhielt, als alle Erben erhielten, und der demgemäss auch die sacra bekommen haben würde, davon zu befreien.

4) Fest. p. 290: Sine sacris hereditas in proverbio dici solet, cum aliquid obvenerit sine ulla incommodi appendice: quod olim sacra non solum publica curiosissime administrabant, sed etiam privata, religionsque heres sicut pecuniae, etiam sacrorum erat. Cic. de leg. 2, 19: Quaeritur enim qui adstringantur sacris. Heredum causa iustissima est. 2, 20: Ill quidem his verbis docebant: tribus modis sacris adstringitur: hereditate, aut u. s. w. Daria waren die antiqui, von denen cap. 20, und die modernen Pontifices, von denen cap. 19 die Rede ist, also einig.

5) Käme es übrigens bloss auf den Nachweis bezüglich der Sacra an, so wäre der Nachweis der hereditas nicht einmal nöthig; denn die Sacra hafteten nach moderner Lehre der Pontifices auch auf dem bonorum possessor (Cic. de leg. 2, 19, 48), und dass dem Adoptirten und wieder Emancipirten die bonorum possessio entstand, ist sicher. S. die folg. Anm.

nach prätorischem Recht zu ihre natürliche Familie hatten, wie deren sogar die ernstlich Adoptirten und wieder Emancipirten nach dem Grundsatze: *adoptio tam diu nocet, quam diu quis. in familia aliena sit*[1] (Paul. in Dig. 37, 4, 6, 4), besassen[1]), sondern darauf, zu zeigen, wie sie die quiritische *hereditas* nach *ius pontificium* und *ius civile* haben, mit andern Worten, wie sie *agnati* und *gentiles* bleiben konnten gegenüber der Familie und der Gens, aus der sie doch, um Plebejer zu werden, ausgetreten waren. — Nun aber erlitten bekanntlich nach uraltem pontificischen Rechte die Virgines Vestales und der Flamen Dialis, wenn sie aus ihren Familien austraten — jene durch das *capere* des Pontifex maximus, dieser durch die *inauguratio* —, keine *capitis deminutio minima* (Gaj. 1, 130. Gell. 1, 12). Ihr Austreten aus den Familien wird, so wesentlich nothwendig es auch für das Priesteramt war, doch in Bezug auf die bei sonstigem Austritt aus der Familie angenommene *capitis deminutio minima* ignorirt, was eben auch aus Rücksicht auf ihr Amt geschah.[2] Andererseits wird nach dem prätorischen Edicte sogar bei der ernstlichen Arrogation und der ernstlichen Coemptio rücksichtlich der Obligationen des Arrogirten und der Frau, welche die Coemptio eingegangen ist, davon abstrahirt, dass sie mit Bezug auf ihre frühere Familie eine *capitis deminutio minima* erlitten haben; sie werden betrachtet *perinde quasi id factum non sit*.[3] Hält man diese Thatsachen zusammen[4]), so ist es wahrscheinlich, dass auch bei den Virgines Vestales und dem Flamen Dialis der Austritt in der Einen Hinsicht, in Hinsicht auf die Lehre von der *capitis deminutio minima*, von den späteren Juristen nach dem Vorgange der Pontifices betrachtet wurde *perinde quasi id factum non esset*. Die Wahrscheinlichkeit erhöht sich durch den Umstand, dass diese Formel sicher aus dem pontificischen Rechte stammt, wie daraus hervorgeht, dass auch bei der Frage, wer zu den Sacra verpflichtet sei, die analoge Formel *quasi ea pecunia legata non esset* üblich war

---

1) Die von ihrem Adoptivvater Emancipirten verloren demselben gegenüber die *hereditas*, wie es auch Cic. de dom. 13, 35 durch die Worte *neque patris heres* andeutet, ohne die prätorische *bonorum possessio* gegen ihn zu erhalten. Dagegen erhielten sie dem natürlichen Vater gegenüber, wenn sie bei dessen Lebzeiten vom Adoptivvater emancipirt worden waren, die prätorische *bonorum possessio*, gleich als ob sie von ihrem natürlichen Vater nur emancipirt worden wären. Just. 2, 13, 4 (= Gaj. 2, 136 f.). 3, 1, 10 ff. Dig. 37, 4, 1, 6. 37, 4, 3. 37, 4, 6, 4. Es beruhte dies auf der Berücksichtigung der *cognatio*, welcher das prätorische Recht im Gegensatze zu dem nur das Recht der *agnatio* berücksichtigenden *ius Quiritium* einführte. Siehe Gaj. 1, 158. Sei adgnationale quidem ius capitis deminutione perimitur, cognationis ius vero non commutatur, quia civilis ratio civilia quidem iura corrumpere potest, naturalia vero non potest. Vgl. Inst. 1, 16, 6. Dig. 4, 5, 8.

2) S. meine Röm. Alt. Bd. 1. Aufl. 2. S. 116 f., 164.

3) Dig. 4, 5, 2, 1: Ait Praetor: Qui quaeque, posteaquam quid cum his actum contractumve sit, capite deminuti dicentur, in eos earum perinde quasi id factum non sit iudicium dabo. Gaj. 4, 38: Praeterea aliquando fingimus, adversarium nostrum capite deminutum non esse: nam si ex contractu nobis obligatus obligatave sit et capite deminutus deminutave fuerit, velut mulier per coemptionem, masculus per adrogationem, desinit iure civili debere nobis, nec directo intendere licet DARE eum eamve OPORTERE; sed ne in potestate eius sit ius nostrum corrumpere, introducta est contra eum eamve actio utilis, rescissa capitis deminutione. Id est in qua fingitur capite deminutus deminutave non esse. Vgl. Gaj. 3, 84. Die Stelle Gaj. 3, 84 habe ich schon oben S. 11, Anm. 3 zu dem Zwecke gebraucht, um zu zeigen, dass es den Juristen nahe lag, die *arrogatio* und *coemptio* analog zu behandeln.

4) Etwas Anderes ist es, wenn das prätorische Recht bei dem Schutze, den es den erbrechtlichen Ansprüchen der ernstlich Adoptirten und wieder Emancipirten verleiht (s. oben Anm. 1), diese motivirt mit dem Satze, dass durch die *capitis deminutio minima* zwar das Recht der *agnatio* aber nicht das der *cognatio* verloren gehe. Gaj. 1, 158, Inst. 1, 16, 6. Dig. 4, 5, 8. Denn hier wird die *capitis deminutio minima* bezüglich der *agnatio* eben anerkannt, nicht betrachtet, als ob sie nicht geschehen sei.

(Cic. de leg. 2, 20, 51. 2, 21, 53). Diese Formel selbst aber ist für uns um so bemerkenswerther, als die Art, in welcher der Legatar mit dieser Fiction von der Verpflichtung zu den Sacra befreit wurde, darauf beruht, dass er den Erben durch eine *fiduciae causa* vollzogene *solutio per aes et libram* (Cic. de leg. 2, 20, 51. 21, 53), d. h. also durch eine Anwendung der *mancipatio fiduciae causa*, vom Legat befreite, indem er zugleich durch eine nebenhergehende *stipulatio* sich die Erstattung einer mit dem Legate gleich grossen Summe sicherte (de leg. 2, 21, 53). Danach fehlte es also den Pontifices jener Zeit, in der die *fiduciae causa* geschlossenen Adoptionen und Coemptionen zugelassen wurden, nicht an einem Präcedens, auf das sie sich stützen konnten, wenn sie, mehr als Jureconsulti, denn als Pontifices (S. 14, Anm. 2; S. 43, Anm. 3), erklärten, die bei der *coemptio, adoptio* und *arrogatio fiduciae causa* stattgefundene *capitis deminutio minima*, die ja auch nur *dicis causa* stattgefunden hatte und durch die bei der *remancipatio* und *emancipatio* stattgefundene zweite *capitis deminutio minima* gleichsam annullirt war, sei in Rücksicht auf die *hereditas* (und folgeweise auch auf die *sacra*)[1] so zu betrachten, *quasi id factum non sit.*[2] Wenn sie diess nun thaten, so hatte es rechtliche Geltung, zwar nicht *lege*, aber *pontificum auctoritate*, so gut wie der Satz, dass die *sacra* an der *pecunia* hasteten (S. 42, Anm. 6). Wenn die Annahme eines Hinwegfingirens der *capitis deminutio minima* etwa „verzwickt" vorkommen sollte, der möge sich erinnern, dass auch davon sichere Beispiele vorhanden sind, dass die *capitis deminutio media* und *maxima* hinwegfingirt werden,[3] was die betreffenden Gesetzgeber — so gut wie das prätorische Recht das Hinwegfingiren der *capitis deminutio minima* bei den Obligationen — sicher den Pontifices abgelernt hatten.

Das Präcedens der Virgines Vestales und des Flamen Dialis ist freilich, das verkenne ich nicht, nicht ganz analog. Denn die Virgines Vestales verloren ihre *hereditas* (Gell. 1, 12, 18), und bei dem Flamen Dialis wird es ebenso gewesen sein. Allein, das ist ganz natürlich, da die Virgines Vestales und der Flamen Dialis nicht *fiduciae causa* oder *dicis causa*, sondern sehr ernstlich aus der Familie austreten sollten. Sie mochten auf andere Weise entschädigt werden für den Verlust der *hereditas*. Denjenigen aber, welche nur in einem Geschäfte *fiduciae causa* die *capitis deminutio minima* erlitten, musste sehr viel daran liegen die

1) Oder vielmehr „in Rücksicht auf die *sacra* und folgeweise auch auf die *hereditas"*. Obige Formulirung ist nur durch den Gang meiner Beweisführung bedingt.

2) Ich verkenne hierbei durchaus nicht, dass es eine Consequenz meiner Ansicht ist, zu sagen, dass Clodius *gentilis* der *gens Claudia* blieb, obwohl er aufhörte *patricius* zu sein. Denn wenn seine *capitis deminutio minima* betrachtet wurde *perinde quasi id factum non esset*, so entspricht er ganz der Definition, die der Pontifex Scaevola von *gentilis* gab (Cic. top. 6, 29), eine Definition, in welcher bekanntlich das Merkmal des Patriciats fehlt, das man vom Standpuncte der alten Zeit (Liv. 10, 8. Gell. 10, 20) doch erwarten sollte. Ueber die freisinnigen Anschauungen des Q. Mucius Scaevola und seine Beziehungen zur *arrogatio* und zur *fiducia* vgl. S. 16, Anm. 5 und S. 47.

3) Jene in der Lex Salpensa. 22: is ea in eius, qui civis Romanus hac lege factus erit, potestate manu mancipio, cuius esse deberet, *si civitate mutatus mutata non esset*, rato idque ius tutoris optandi habeto, quod haberet, si a cive Romano ortus ortu *neque civitate mutatus mutata esset*. 23: idem ius eademque condicio esto, quae esset, *si civitate mutatus mutata non esset*. Vgl. dazu Mommsen, Stadtrechte, S. 408. Diese in der Lex Cornelia (*lictio lcgis Corneliae*), über welche Dig. 49, 15, 22: Bona eorum, qui in hostium potestatem pervenerint atque ibi decesserint, sive testamenti factionem habuerint sive non habuerint, ad eos pertineant, ad quos pertinerent, *si in potestatem hostium non pervenissent*; idemque ius in eadem causa omnium rerum intueatur esse lege Cornelia, quae futura esset, si ii, de quorum hereditatibus et tutelis constituebatur, in hostium potestatem non pervenissent. Vgl. Demelius, die Rechtsfiction. Weimar 1858, S. 44 f.

einander parallel gegangen sind" (Rom. Forsch. S. 11)? ein Parallelismus, der sich ja auch in dem Sprachgebrauche zu erkennen giebt, wonach von der an einen Plebejer sich verheirathenden Frau gesagt wurde *enubere e patribus* (Liv. 4, 4. 10, 23; vgl. 26, 34), und von ihr, namentlich von der *lex Canuleia*[1]), gesagt werden konnte *transire a patribus in plebeiam familiam* (S. 19), wie von dem die Scheinadoption zum Zweck des Uebertritts zur Plebs eingehenden Patricier gesagt wird *exire e patriciis* (Cic. de dom. 14, 37) oder *transire a patribus ad plebem* (Liv. 4, 16. Vell. 2, 45. Suet. Caes. 20). Ist es nicht auch durch diese Analogie aus der Geschichte der Ehe gerechtfertigt, wenn ich annehme, dass bei Scheinadoptionen die Beibehaltung des Namens, wie die Beibehaltung der *hereditas* und der Sacra, *pontificum auctoritate* für gesetzlich galt?

Ich habe diese Vermuthungen vorgetragen, nicht um sie sofort als sichere Resultate hinzustellen, sondern um sie der unparteiischen Prüfung der Sachverständigen vorzulegen. Bewiesen glaube ich damit nur das zu haben, dass es sehr wohl denkbar ist, wie die Pontifices dazu kamen, als sie Scheinadoptionen zuliessen, durch ihre *auctoritas* auch die Beibehaltung des Namens, des Erbrechts und der Sacra, soweit sie mit dem Erbrechte verknüpft waren, zu sanctioniren. Somit aber habe ich auch das bewiesen, dass die *arrogatio* und *adoptio fiduciae causa* der Logik des römischen Rechts nicht widerspricht, durchaus nicht mehr widerspricht, als die *coemptio fiduciae causa* es thut.

Zum Schlusse mache ich noch auf eins aufmerksam. Für die *adoptio fiduciae causa* kann die Analogie der *coemptio fiduciae causa* in keinem Falle beanstandet werden, weil leider auf der *mancipatio* beruhen (S. 16). Für die *arrogatio fiduciae causa* wäre allerdings eine *confarreatio fiduciae causa* noch schlagender, als die Analogie der *coemptio fiduciae causa* es ist. Natürlich habe ich mich wohl gehütet eine solche anzunehmen. Zu ihrer Entwickelung lag kein Anlass vor, da für die patricischen Frauen es keineswegs denselben Reiz hatte, gewisse Priesterthümer, namentlich das der Flaminica Dialis zu bekleiden, für welches Priesterthum die *confarreatio* eine nothwendige Voraussetzung war, wie für die patricischen Männer, die Vortheile der plebejischen Aemterlaufbahn sich anzueignen. Daher die Confarreation zu Tiberius Zeit fast ganz abgekommen war. Aber, wenn es auch keine *confarreatio fiduciae causa* giebt, so giebt es doch eine Scheinconfarreation anderer Art. Tiberius gab bekanntlich ein Gesetz, qua flaminica Dialis *sacrorum causa* in potestate viri, *cetera promiscuo feminarum iure ageret* (Tac. hist. 4, 16. Gaj. 1, 136). Er gab es zur Erreichung einer der Confarreation an sich fremden Absicht, nämlich der, Candidaten für das Priesterthum des Flamen Dialis zu behalten, die sonst ganz ausgegangen sein würden. Was ist die Confarreation in der Zeit nach diesem Gesetze Anderes, als eine „denaturirte", eine nur *dicis causa propter veteris iuris imitationem* (Gaj. 2, 103) stattfindende, was Anderes, als eine residuäre Scheinconfarreation?

---

1) Denn nachher blieben die Patricierinnen, wenn sie auch in die *familia plebeia* eintraten, dennoch im Stande der Patricier (Liv. 10, 23). Dass diese nicht stimmt zu der Annahme der Plebität von Seiten der in eine *familia plebeia* eintretenden Patricier ist klar; ebenso klar aber auch, dass im Adoptionswesen kein Analogon zu der *lex Canuleia de conubio* erwartet werden kann. Die Geschichte der Ehe zeigt eben noch stärkere Anomalien vom Princip des alten *ius conubii* und der alten *confarreatio*, als die Geschichte des Adoptionswesens vom Princip der ältesten *arrogatio*.